Andreas Vonderach,
Anthropologie des früheren Ostdeutschlands (vor 1945)

AF636861

Anthropologie des früheren Ostdeutschlands (vor 1945)

Ethnische Schichtung und Sozialbiologie

von Andreas Vonderach

IMPRESSUM:

Andreas Vonderach, Anthropologie des früheren Ostdeutschlands (vor 1945)
© 2019 by Lindenbaum Verlag GmbH, Beltheim-Schnellbach
2. Auflage, April 2019
Internetadresse: www.lindenbaum-verlag.de
Email-Adresse: lindenbaum-verlag@web.de
Druck: Eigendruck
Printed in Germany
ISBN: 978-3-938176-64-1

Inhalt

Einleitung

Anthropologische Bevölkerungsforschung wird heute fast nur noch als Genforschung betrieben. Dabei ist es noch gar nicht so lange her, da wurden noch großangelegte Untersuchungen mit sichtbaren morphologischen Merkmalen durchgeführt. Ich will an dieser Stelle die Ergebnisse einer solchen Untersuchung aus den 1950er Jahren an Vertriebenen vorstellen, die ein Licht auf die anthropologischen Verhältnisse im früheren Osten Deutschlands vor der Vertreibung im Jahr 1945 wirft.

Die sichtbaren Merkmale haben den großen Vorteil der Anschaulichkeit, sie beschreiben eine für jeden erfahrbare Wirklichkeit. Es ist ein natürliches Bedürfnis der Menschen, zu wissen, wie Menschen aussehen. Gleichzeitig ist der sichtbare Phänotyp eines Menschen kein zufälliges Bild, sondern ein annähernder Mittelwert aller seiner Vorfahren. Die neuere genetische Forschung zeigt in zunehmendem Maß, daß die gefundenen genetischen Differenzierungen den von der traditionellen morphologischen Anthropologie beschriebenen entsprechen. Das gilt auch für den deutsch-slawischen Gegensatz. Die heutige Sprach- und Volksgrenze an der Oder und Neiße ist eine ausgeprägte genetische Grenze, zum Beispiel bei den Y-Haplotypen.[1]

Das Buch ist eine neu geschriebene Fassung einer wesentlich umfangreicheren Prüfungsarbeit von mir im Fach Anthropologie aus dem Jahr 1998. Ich habe besonderen Wert auf Lesbarkeit und Verständlichkeit gelegt. Die Bilder stammen nicht aus dem beschriebenen Material, sondern wurden zur Veranschaulichung aus der vorhandenen Literatur ausgewählt. Außerdem habe ich die Untersuchung um einen in der ursprünglichen Fassung nicht enthaltenen sozialanthropologischen Teil ergänzt, in dem ich Fragen nach anthropologischen Unterschie-

---

1 Kayser, Lao, Anslinger u.a. 2005, Sokal, Oden, Thomson 1988, Sokal, Oden, Legendre u.a. 1989, Sokal, Oden, Legendre u.a. 1990, Vonderach 2015 (Karten S. 209 u. 304)

den der sozialen Schichten, von sozialen Auf- und Absteigern, nach Beziehungen zwischen anthropologischen Typen und der Schulbegabung oder den anthropologischen Eigenschaften des Adels nachgehe.

Die anthropologische Erforschung Deutschlands

Anders als in Frankreich, Italien, Schweden, Polen oder der Schweiz ist es in Deutschland nie zu einer landesweiten anthropologisch-morphologischen Untersuchung gekommen. Einzig die von Rudolf Virchow initiierte Untersuchung von über 6 Millionen Schulkinder auf ihre Haar-, Augen- und Hautfarbe im Jahr 1875 umfaßte das ganze damalige Deutschland. Statt dessen gab es in Deutschland vor allem in den 1920er und 1930er Jahren eine große Anzahl von lokalen sogenannten Dorfuntersuchungen und einige regional begrenzte Landesuntersuchungen. Die Dorfuntersuchungen, die meist nur eins oder wenige benachbarte Dörfer umfaßten, sind wegen ihrer fragwürdigen Repräsentativität und ihrer sehr ungleichmäßigen Verteilung von nur geringem Wert für eine anthropologische Geographie Deutschlands.

Die Reihe der regionalen sogenannten Landesuntersuchungen begann 1890 mit der Landesuntersuchung Badens durch Otto Ammon. Die Untersuchung an Rekruten berücksichtigte nur ein verhältnismäßig kleines Merkmalsspektrum, das außer den Farbmerkmalen und der Körperhöhe nur die Kopflänge und -breite umfaßte.[2]

Erst in den 1930er Jahren machte man erneut einen Anlauf zu einer Regionaluntersuchung, diesmal in Schlesien. Die vom Breslauer Anthropologischen Institut unter Egon von Eickstedt durchgeführte Untersuchung erfaßte nun auch zahlreiche Gesichtsmerkmale und war aus zahlreichen Dorfuntersuchungen – etwa 20 pro Landkreis – aufgebaut. Wegen des beginnenden Zweiten Weltkrieges mußte sie jedoch abgebrochen werden, und es wurden nur die Ergebnisse von 16 Landkreisen sowie einige Kreismittelwerte für den größeren Teil Schlesiens veröffentlich.[3]

Die Breslauer Anthropologen diskutierten die Ergebnisse der Schlesien-Untersuchung ein Semester lang in einem Kolloquium mit einem

---

2 Ammon 1899

3 Schwidetzky 1955

sachkundigen Kreis schlesischer Landesforscher, Siedlungsgeographen, Historiker und Volkskundler, zu denen auch Hermann Aubin und Herbert Schlenger gehörten.[4] Diese werteten die Schlesien-Untersuchung gegenüber den Dorfuntersuchungen als „*einen wirklichen methodischen Fortschritt in Hinsicht auf die landeskundliche Forschung.*“ Hermann Aubin schlußfolgerte später: „... *In diesem Colloquium entwickelte sich die Anthropologie zu einer Grundwissenschaft der modernen geschichtlichen Landeskunde*“.[5]

Ebenfalls schon in den 1930er Jahren hat das Freiburger Institut unter Johann Schaeuble eine erneute Landesuntersuchung Badens begonnen, wieder an Rekruten, diesmal einschließlich der Gesichtsmerkmale. Wegen des Kriegsbeginnes kam jedoch auch sie über einige Landkreise in Südbaden nicht hinaus.[6]

In den 1950er Jahren führten die nun in Mainz ansässig Breslauer Anthropologen um Egon von Eickstedt eine Landesuntersuchung an 14jährigen Schulkindern, differenziert nach 55 Landkreisen, in Westfalen durch.[7] Außer zahlreichen morphologischen Merkmalen wurden dabei auch Blutgruppen und die Hautleistenmuster der Fingerbeeren erhoben. Nach demselben Muster führte dasselbe Institut in den 1960er Jahren dann unter v. Eickstedts Nachfolgerin Ilse Schwidetzky auch noch eine Landesuntersuchung von Rheinland-Pfalz durch, die bis heute jedoch nur teilweise und in einer recht groben geographischen Differenzierung nach nur sechs Regionen veröffentlicht wurde.[8]

Das war die Situation, die mich 1993 zu Beginn meines Anthropologiestudiums in Mainz dazu veranlaßte, im Rahmen einer Prüfungsarbeit ein größeres flächendeckendes anthropologisches

---

4 Schwidetzky 1983

5 Aubin u.a. 1967

6 Schaeuble 1954

7 Schwidetzky und Walter 1967

8 Schwidetzky, Knußmann, Bernhard u.a. 1975

Datenmaterial auszuwerten.[9] Ein flächenhaftes Bild gab es bis dahin nur für Baden, Schlesien, Westfalen und Rheinland-Pfalz. Zwischen Westfalen, Rheinland-Pfalz und Baden im Westen und Schlesien im Osten klaffte eine große Lücke. Bei der Westfalen-Untersuchung, bei der insgesamt die Daten von über 22 000 14jährige Schulkinder (Jungen und Mädchen) erhoben worden waren, sind neben den einheimischen Westfalen auch nahezu 5 000 Kinder von Vertriebenen aus dem deutschen Osten untersucht worden. Da die Daten auch die Geburtsorte nicht nur der Kinder, sondern auch der Eltern und Großeltern enthielten, sollte es möglich sein, mit diesem Material eine flächenhafte Untersuchung des ehemaligen deutschen Ostens nachzuholen.

9 Vonderach 1998

Die Bevölkerungsgeschichte des früheren Ostdeutschlands

Die Bevölkerung des deutschen Ostens vor der Vertreibung 1945 war das Ergebnis der Bevölkerungs- und Siedlungsgeschichte vieler vorangegangener Jahrhunderte. Nachdem die ostgermanischen Stämme in der Völkerwanderungszeit ihre Sitze im nördlichen Ostmitteleuropa verlassen hatten, war das Gebiet ab dem 6. Jahrhundert von langsam aus dem Osten einsickernden Slawen in Besitz genommen worden. Im 8. Jahrhundert hatten sie ihre westlichste Ausdehnung erreicht. Die slawisch-deutsche Siedlungsgrenze, die auch die Ostgrenze des fränkischen Reiches wurde, verlief nun etwa an einer Linie vom heutigen Kiel zur Elbe und entlang von Elbe und Saale zum Böhmerwald.

Bereits Karl der Große hatte die slawischen Gebiete zwischen Elbe und Oder unter eine lose Oberhoheit gebracht. Nach der Entstehung des deutschen Königtums nahm Heinrich I. die fränkische Ostexpansion wieder auf, und die Slawenstämme westlich der Oder wurden zwischen 928 und 931 n. Chr. in mehreren schweren, aber letztlich doch siegreichen Feldzügen unterworfen. Das eroberte Gebiet wurde in durch Burgen kontrollierten Marken organisiert: Im Norden der Billunger Mark (Ostholstein und Mecklenburg), der Nordmark in der Mitte (spätere Mark Brandenburg) und im Süden der Mark Lausitz und der Mark Meißen (etwa das heutige Sachsen). Die Slawen wehrten sich gegen die neuen Herren und die Missionierungsbestrebungen der Kirche durch Aufstände. 983 führte der Aufstand der Abodriten und der Liutizen dazu, daß der ganze Norden des Gebietes, die Billunger Mark und die Nordmark, wieder für etwa 150 Jahre von deutscher weltlicher und geistlicher Herrschaft frei wurde. Die Marken im heutigen Mitteldeutschland blieben dagegen bestehen und bildeten das östliche Vorfeld des Reiches. Trotz der deutschen Herrschaft blieben die ethnischen Verhältnisse hier in den nächsten Jahrhunderten zunächst unverändert.

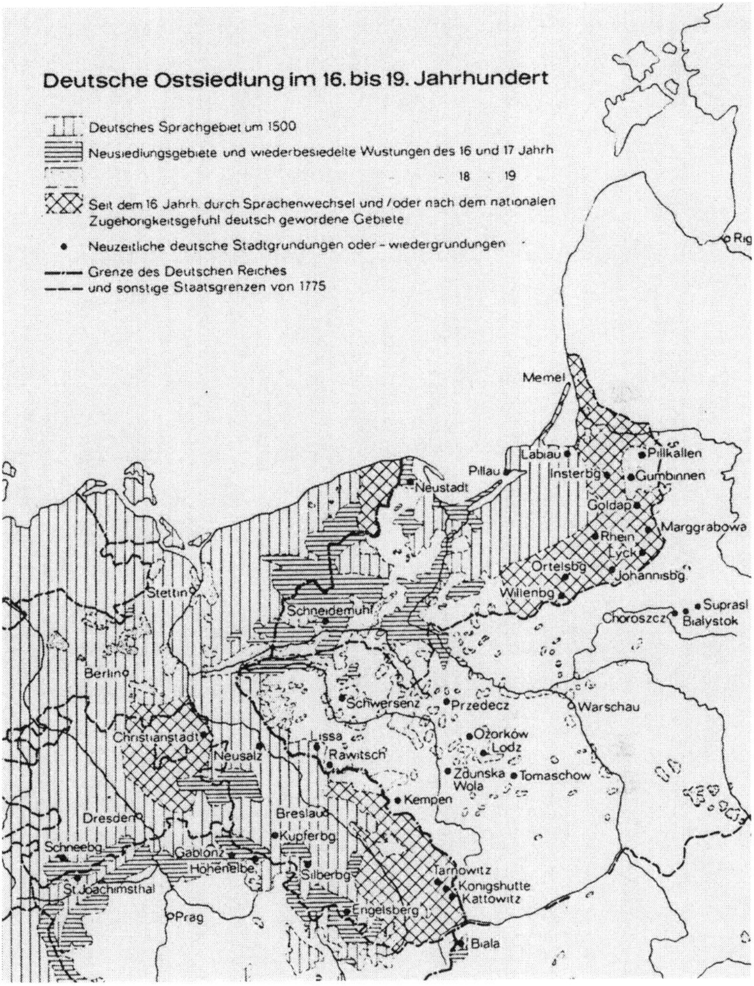
Deutsche Ostsiedlung im 16. bis 19. Jahrhundert
Deutsches Sprachgebiet um 1500
Neusiedlungsgebiete und wiederbesiedelte Wustungen des 16 und 17 Jahrh
18 19
Seit dem 16 Jahrh. durch Sprachenwechsel und / oder nach dem nationalen Zugehorigkeitsgefuhl deutsch gewordene Gebiete
Neuzeitliche deutsche Stadtgrundungen oder - wiedergrundungen
Grenze des Deutschen Reiches
und sonstige Staatsgrenzen von 1775
Memel
Labiau
Pillkallen
Pillau
Insterbg
Gumbinnen
Neustadt
Goldap
Marggrabowa
Rhein
Lyck
Ortelsbg
Johannisbg.
Willenbg
Stettin
Schneidemuhl
Choroszcz
Suprasl
Bialystok
Berlin
Schwersenz
Przedecz
Warschau
Christianstadt
Lissa
Ozorków
Neusalz
Rawitsch
Lodz
Zdunska Wola
Tomaschow
Kempen
Dresden
Breslau
Kupferbg
Schneebg
Gablonz
Hohenelbe
Silberbg
Tarnowitz
Konigshutte
St.Joachimsthal
Kattowitz
Prag
Engelsberg
Biala

Ende des 11. Jahrhunderts nahmen die Territorialfürsten der Grenzmarken die Bestrebungen, die slawischen Stämme zu unterwerfen, wieder auf. Der ökonomische und demographische Aufschwung Westeuropas hatte inzwischen auch die Grenzgebiete an der Elbe erreicht. Von 1147 bis 1167 n. Chr. unterwarf der Herzog von Sachsen, Heinrich der Löwe, in mehreren teilweise als Kreuzzüge deklarierten Feldzügen die verschiedenen abodritischen Fürsten. Die Gebiete westlich der Oder blieben zwar teilweise selbständig, standen aber von nun an dem deutschen Einfluß und der kirchlichen Mission offen.

Das Bevölkerungswachstum im Westen war die Ursache dafür, daß sich die Neueroberung der slawischen Gebiete im 11. Jahrhundert nicht mehr nur auf politische Machtausübung und kirchliche Mission beschränkte, sondern auch zur Einwanderung bäuerlicher Siedler führte. Ermöglicht wurde die deutsche Siedlung durch die im Vergleich zum Westen nur dünne Besiedlung der Slawengebiete. Die slawische Siedlung hatte sich auf die Löß- und Lehmböden der Ebenen beschränkt, die die Slawen mit ihren Mitteln (Hakenpflug) am besten bewirtschaften konnten. Frei geblieben waren die gebirgigen Gebiete, die schweren Mergel- und die leichten Sandböden und die großen, die Siedlungsgebiete umrahmenden Wälder. Die deutsche Besiedlung erfolgte auf Initiative der neuen deutschen oder – in Pommern und Schlesien – der slawischen Landesherren, die durch die Entwicklung ihrer Territorien einen Einnahmen- und Machtzuwachs erstrebten. Sie beauftragten finanzkräftige Unternehmer, sog. Lokatoren, die im Westen Bauern für die Kolonisation anwarben und in vielen Fällen in den von ihnen gegründeten – und oft auch nach ihnen benannten – planmäßig angelegten Dörfern das erbliche Dorfschulzenamt übernahmen. Den Neusiedlern, denen im Westen als nichterbende Bauernsöhne oder als Besitzer kleiner oder überschuldeter Hofstellen nur wenig Lebenschancen offenstanden, winkte im Osten neben der für den Erfolg der Siedlung notwendigen materiellen Unterstützung in den ersten Jahren vor allem persönliche Freiheit und eine im Vergleich zu den einheimischen Slawen und den Verhältnissen im Westen privilegierte rechtliche Stellung (Siedlung „nach deutschem Recht und deutscher Freiheit“).

Die Hauptzeit der Ostwanderung war das 12. und 13. Jahrhundert. Die zuvor nur dünnbesiedelten Gebiete zwischen Elbe und Oder füllten sich in kurzer Zeit mit Siedlern, so daß sich ihre Bevölkerung in wenigen Generationen vervielfachte und ihr Siedlungsbild eine dramatische Umgestaltung erfuhr. Die Siedlung hatte um 1200 n. Chr. etwa eine Linie von Lübeck über Schwerin, das spätere Potsdam bis Dresden erreicht und ein Jahrhundert später, um 1300 n. Chr., bereits die Oder überschritten und den größten Teil Schlesiens erschlossen. Es folgten im 14. Jahrhundert vor allem die Besiedlung des übrigen Schlesiens und Pommerns, weiterer Gebiete im Sudetenbogen und in Galizien und die vom Deutschen Orden geleitete Siedlung in Preußen. Die Zahl der Einwanderer wird von Kuhn (1963) auf ca. 200.000 im 12. Jahrhundert und auf noch einmal genausoviel im 13. Jahrhundert geschätzt. Bei etwa 5 bis 6 Millionen Einwohnern im Altsiedlungsgebiet wäre das eine Abwanderung von 7%. Das heißt, daß nur ein Teil des Bevölkerungswachstums sich nach Osten wandte und der größere Teil von der Binnenkolonisation und dem Wachstum der Städte aufgefangen wurde. Die Siedler kamen jedoch nur ganz zu Anfang aus den Altsiedlungsgebieten westlich von Elbe und Saale. Schon nach kurzer Zeit überwogen bei den Siedlern solche, die selber aus bereits kolonisierten Gebieten stammten. Die Ostsiedlung erhielt sich aus ihrem eigenen Geburtenüberschuß am Leben und setzte sich unabhängig von den Verhältnissen im Westen fort.

In den Gebieten, wo die deutschen Siedler die Mehrheit stellten, und das war westlich der Oder und in Pommern und Schlesien fast überall, kam es ziemlich rasch zu einer Assimilation der slawischen Minderheit. Einen Hinweis auf den Zeitpunkt des Verlöschens der slawischen Sprache in den Kolonisationsgebieten vermögen die vermutlich der tatsächlichen Entwicklung etwas hinterher hinkenden amtlichen Verfügungen zu geben. Demnach wurde das Slawische als Gerichtssprache in Magdeburg im Jahr 1290 und im Altenburgischen, im Zwickauischen und am Landgericht Leipzig 1327 aufgehoben.[10] Auf der Insel Rügen, die ein slawisches Rückzugsgebiet war, soll die letzte slawisch sprechende Frau 1404 gestorben sein.[11] Daneben blieben aber auch slawische Restgebiete als Sprachinseln bestehen, in denen die slawische Sprache noch Jahrhunderte und stellenweise sogar bis zur Gegenwart überdauerte. Solche Gebiete sind das Hannoversche Wendland, wo das Slawische endgültig erst im 18. Jahrhundert ausstarb, der Südwesten Mecklenburgs (16. Jh.), der von den Kaschuben bewohnte Ostzipfel Pommerns (19. Jh.) und das Gebiet der Sorben in der Lausitz, das auch heute noch eine slawische Sprachinsel in Deutschland ist.

Einen Sonderfall bildete in mancher Beziehung Ostpreußen. Hier im Gebiet östlich der Weichsel lebten die baltischen Prussen. Während die südlich angrenzenden Polen bereits christianisiert waren und einen Staat nach westlichem Vorbild besaßen, hatten die Prussen die überkommene Lebensform und Kultur einschließlich ihres heidnischen Glaubens bewahrt. 1225/26 schenkte der polnische Landesfürst Konrad von Masowien, dessen Land an das der Prussen angrenzte, dem Deutschen Ritterorden das Kulmer Land an der Weichsel, mit der Auflage, Krieg gegen die Heiden zu führen. In mehreren sehr harten Feldzügen brachten die Ordensritter bis 1282 das ganze Land der Prussen gegen deren erbitterten Widerstand in ihre Gewalt. Trotz großer Verluste wurden die Prussen aber nicht ausgerottet, sondern rechtlich und sozial entsprechend ihrer Loyalität zum Orden unterschiedlich privilegiert in das Siedlungswerk des Ordens einbezogen.

Gleich nach der Befriedung des Landes wurden Siedler ins Land gerufen und Dörfer und Städte gegründet. Zeitlich am Ende der noch vom demographischen Aufschwung getragenen Ostsiedlung gelegen, begann der Siedlerstrom jedoch schon um 1320 zu versiegen. So läßt sich in Ostpreußen das Gebiet der Grundsiedlung, das bis zur Nord-

---

10 Dralle 1991

11 Higounet 1990

grenze des Ermlandes reicht, vom nördlich anschließenden Gebiet der Binnensiedlung unterscheiden. Je schwächer der Siedlerstrom wurde, desto mehr ging der Orden dazu über, auch Nichtdeutsche zur Siedlung heranzuziehen und mit den entsprechenden Privilegien auszustatten. Während die Bevölkerung der Städte ganz überwiegend deutsch war, überwog auf dem Lande nach Abschluß der Kolonisation um 1400 die prussische Bevölkerung. Im Gebiet der Grundsiedlung wird der Anteil der prussischen Bevölkerung an der Landbevölkerung zu Anfang des 15. Jahrhunderts auf rund 60 % geschätzt, im Gebiet der Binnensiedlung in Natangen auf bis zu 90 % und im Samland waren *„kaum Deutsche ansässig, abgesehen von den Krügern und Müllern, die immer Deutsche sein mußten.“*[12]

Neben Prussen wurden bei der Urbarmachung der großen „Wildnis“ im Norden, Osten und Süden Ostpreußens vor allem Litauer und polnische Masowier herangezogen. In den Gebieten intensiver deutscher Siedlung ging die Assimilation der Prussen in wenigen Generationen vonstatten. Im Samland, wo keine deutsche Bauernsiedlung mehr stattgefunden hatte, erlosch die prussische Sprache erst im 17. Jahrhundert.[13] In den litauischen und masowischen Gebieten der „Wildnis“, die auch noch während der nächsten Jahrhunderte Zuzug nichtdeutscher Siedler erhielten, erhielten sich nach dem Niedergang des Ordens im 15. Jahrhundert die siedlungsgeographischen und ethnischen Verhältnisse bis in die Neuzeit.

Das 15. Jahrhundert brachte nicht nur den Niedergang des Deutschen Ordens nach seiner Niederlage gegen die Polen 1410 bei Tannenberg, sondern die Krise der Ostsiedlung überhaupt. Die Ursache war eine ganz West- und Mitteleuropa umfassende agrarische, ökonomische und demographische Krise, die als „Wüstungsperiode“ bezeichnet wird. Sie und die Pestepidemie um 1350 ließen die deutsche Bevölkerung im 14. und 15. Jahrhundert um ein Viertel oder

---

12 Harmjanz 1942, Krüger ist eine andere Bezeichnung für Gastwirte.

13 Weise 1936

mehr zurückgehen.[14] Zugleich erwachte der nationale Widerstand der slawischen Völker gegen die deutsche Siedlung und verwüsteten die Hussitenzüge und der Krieg zwischen dem Deutschen Orden und Polen ganze Landstriche. Das Ende der bäuerlichen Siedlung und der slawische Widerstand führten im 15. Jahrhundert zum Sprachausgleich zwischen dem Deutschen und den slawischen Sprachen, bei dem viele Sprachinseln im jeweiligen Mehrheitsgebiet aufgingen – besonders das gesamte städtische deutsche Bürgertum in Polen und Tschechien wurde slawisiert –, und in dem stellenweise, zum Beispiel in Oberschlesien und Mähren, auch das geschlossene deutsche Siedlungsgebiet zurückging.

Nach einer in den einzelnen Gebieten zwischen 100 und 250 Jahren währenden Unterbrechung begann im 16. Jahrhundert die neuzeitliche Ostsiedlung, in der die Siedlungslücken der Wüstungsperiode aufgefüllt und die von der mittelalterlichen Kolonisation noch nicht erfaßten Bruch- und Waldlandschaften urbar gemacht wurden. Im 16. und 17. Jahrhundert erschlossen friesisch-niederländische Siedler die Niederungen des Weichseldeltas und des unteren Weichsellaufes und siedelten pommersche Bauern im Gebiet zwischen Pommern, der Neumark und Westpolen. Pommersche und schlesische Siedler ließen sich in Polen nieder, wo noch die Reste deutscher Siedlungsinseln aus dem Mittelalter bestanden. Ihren Höhepunkt hatte die neuzeitliche Ostsiedlung in der Zeit des absolutistischen Staates im 17. und 18. Jahrhundert. In Ostpreußen wurden zum Ausgleich der großen Bevölkerungsverluste durch die Pest von 1709 im Norden und Osten des Landes, nachdem mit der einheimischen Bevölkerung nur ein gutes Drittel der freigewordenen Hofstellen hatte besetzt werden können, unter Friedrich Wilhelm I. von 1710 bis 1740 zur „Repeublierung“ aus verschiedenen Teilen Deutschlands Siedler herbeigerufen. Ihre Zahl betrug schließlich insgesamt etwa 40.000. Unter ihnen stellten die wegen ihres Glaubens zur Auswanderung gezwungenen Salzburger Protestanten mit mehr als 15.000 Personen die größte Gruppe. *„Sie hat*

[14] Dralle 1991

der Landschaft zwischen Gumbinnen und Goldap bis 1945 ihre Eigenart gegeben."[15] Zu den west- und süddeutschen Siedlern kamen in den nordöstlichen Gebieten Litauer, die das bereits vorhandene litauische Bevölkerungselement in diesen Gebieten verstärkten.

Mit dem Ende der absolutistischen Phase blieben die Bevölkerungsverhältnisse in Ostmitteleuropa bis in die Zeit der Weltkriege hinein weitgehend unverändert. Die zu Deutschland gehörende nichtdeutsche Bevölkerung im Nordosten Ostpreußens (Litauer), in Masuren, in Oberschlesien und in der Lausitz wurde durch den zunehmenden Anschluß an die deutsche Gesellschaft, durch die neuen Verkehrsmittel, die Schule, die Kirche und den Militärdienst in unterschiedlichem Maße sprachlich und gesinnungsmäßig assimiliert.

---

[15] Schumacher 1977

Das Datenmaterial

Der Untersuchung liegen metrische und morphognostische[16] Daten von 14-jährigen Schülern und Schülerinnen zugrunde, die im Rahmen der Westfalen-Untersuchung des Mainzer Anthropologischen Institutes von 1955 bis 1958 erhoben worden sind.[17] Sie umfassen außerdem auch einige daktyloskopische (Fingerbeerenmuster) und serologische Merkmale (Blutgruppensysteme AB0, MN). Von den 4 960 aus den ostdeutschen Gebieten stammenden Schulkindern wurden diejenigen 2 759 herangezogen, die jeweils in den verschiedenen ostdeutschen Regionen nach dem Geburtsort von mindestens drei Großeltern altansässig waren.

Die Maße sind bei der Westfalen-Untersuchung nach Martin und die Augen- und Haarfarbe anhand der Farbtafeln von Martin-Schultz und Fischer-Saller bestimmt worden. Für die Diagnose des biologischen Entwicklungsstandes der Knaben wurde der sog. Schwidetzky-Index verwandt.[18] Die physiognomischen Merkmale von Kopf und Gesicht sind anhand von morphognostischen Schemata bestimmt

---

16 Morphognostische Merkmale werden nicht gemessen, sondern je nach ihrer Ausprägung von dem Untersucher einer bestimmten Klasse eines vorgegebenen Schemas zugeordnet.

17 Schwidetzky und Walter 1967

18 Schwidetzky 1950. Der Schwidetzky-Index errechnet sich aus mehreren morphognostisch beurteilten Reifungsmerkmalen - der Körperbehaarung, der Axillarbehaarung, der Form der Mamillen (nach Zeller) und dem allgemeinen Eindruck der Gestaltentwicklung. Bei den Mädchen wurde dazu das Menarchealter erfragt. Da aber nur etwa die Hälfte der Mädchen dazu Angaben machte oder machen konnte, haben wir bei den Mädchen keinen Maßstab für das biologische Alter. Bei der Auswertung des Materials zeigte sich, daß der auf den Erhebungsbögen in unterschiedlich großen Klassen codierte Entwicklungsstand (der Datenschlüssel für die Erhebungsbögen liegt mir vor) sowohl bei der Westfalen-Untersuchung als auch der späteren Rheinland-Pfalz-Untersuchung nicht entsprechend der Klassengrößen zurückgerechnet, sondern in unrichtiger Weise als einfacher Mittelwert aus den Codierungen errechnet worden ist. Ich habe daher

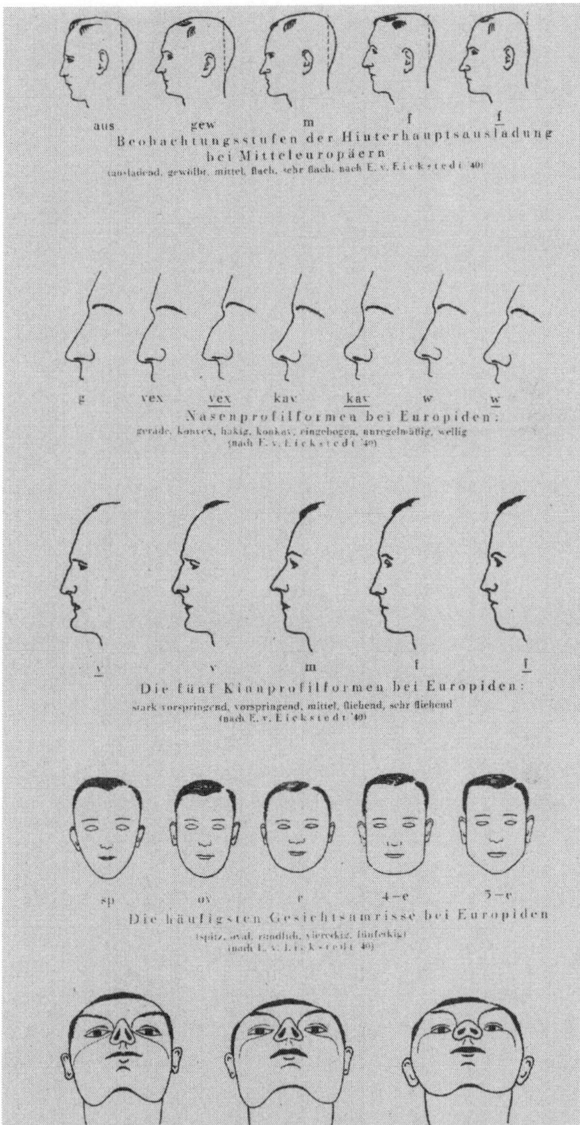

Bestimmungsschemata für die morphognostischen Merkmale des Gesichts

worden.[19] Der Untersucher war in allen Fällen Hubert Walter. Die genetische Heritabilität der metrischen und morphognostischen Merkmale von Kopf und Gesicht ist beträchtlich. Sie liegt zwischen 35 und 80 Prozent und für die meisten Merkmalen eher im oberen Bereich.[20] Außerdem war bei der Westfalen-Untersuchung eine anthropologische Typendiagnose nach den mitteleuropäischen Rassentypen Nordid, Fälisch, Alpin, Dinarid, Osteuropid und Mediterranid durchgeführt worden.[21] Die erfolgte auf dreifache Weise, einmal als rein eindrucksmäßige Felddiagnose durch den Untersucher während der Erhebung, zweitens als rein mechanischer Kombinationstypus der Merkmale

---

den Entwicklungsstand der Knaben zweifach berechnet: Einmal den korrekten Schwidetzky-Index für die Arbeit mit den Vertriebenen und zum anderen auf die unrichtige Weise zum Vergleich mit den Daten der einheimischen Westfalen und Rheinland-Pfälzer.

19 Da nach Abschluß der Westfalen-Untersuchung der Verdacht aufkam, daß sich während der fast vier Jahre dauernden, von Kreis zu Kreis vorgehenden Erhebungen der bis zu einem gewissen Grade subjektive Maßstab der morphognostischen Merkmale verschoben hatte, wurden sie nach den Erhebungen von I. Schwidetzky noch einmal anhand der Fotografien z.T. metrisch bestimmt (vgl. Schwidetzky 1967). Meiner Untersuchung liegen jedoch die auf den Erhebungsbögen vermerkten ursprünglichen Diagnosen von Walter zugrunde. Ihre Verwendung findet darin ihre Berechtigung, daß ja die verschiedenen Herkunftsgruppen der Vertriebenen sich über ganz Westfalen verteilen und somit eine geographische Verzerrung innerhalb Westfalens alle Herkunftsgruppen im Wesentlichen gleich betreffen muß. Vorweggenommen sei, daß die gut interpretierbaren Karten der morphognostischen Merkmale für deren richtige Bestimmung und die Vernachlässigbarkeit eines etwaigen entsprechenden Verzerrungsfaktors spricht. Zusätzlich zu den Häufigkeiten der einzelnen Klassen wurden nach dem Vorbild von Bernhard (1991) für die ordinalskalierten morphognostischen Merkmale lediglich zur besseren Vergleichbarkeit statistisch eigentlich nicht zulässige Mittelwerte berechnet.

20 Walter 1968, Knussmann 1996

21 Da es sich bei den wenigen Mediterraniden wahrscheinlich nicht um echte (genetische) Mediterranide, sondern um zufällige Merkmalskombinationen in der ostdeutschen Bevölkerung handelt, habe ich sie in der Auswertung der Daten zu den Unbestimmbaren gezählt.

Haarfarbe, Augenfarbe, Längenbreitenindex des Kopfes (Kopflänge : Kopfbreite) und morphologischer Gesichtsindex (morphologische Gesichtshöhe : Jochbogenbreite)[22], und drittens die Übereinstimmung von Felddiagnose und Kombinationstypus.

Da ich der Meinung bin, daß in die ganzheitliche, subjektive Felddiagnose viele Informationen eingehen, die in den Kombinationstypen nicht enthalten sind, daß den in der Felddiagnose stark vertretenen physiognomischen Merkmalen typendiagnostisch die größere Bedeutung zukommt und daß die mechanischen Kombinationstypen mit ihren unbiologischen, konventionellen Klassengrenzen den wirklichen Formen nicht gerecht werden können, bevorzuge ich in der Untersuchung die Felddiagnosen. Die Auswertung der Typendiagnose erfolgt zunächst einmal nur in deskriptiver und heuristischer Absicht. Zweck der typologischen Diagnosen von in einem genealogischen Geflecht einer Population stehenden Individuen ist keine individuelle genetische oder Abstammungsanalyse – hier sind allenfalls Wahrscheinlichkeitsaussagen möglich -, sondern die Abschätzung des typologischen Gehaltes der (gemischten) Population. Ferner wurde auch der Konstitutionstypus nach Kretschmer – leptosom, athletisch, pyknisch, mit Zwischenstufen – in einer Felddiagnose bestimmt.

An serologischen Merkmalen wurden in Westfalen nur das AB0-System einschließlich der Untergruppen A1 und A2 sowie das MN-System, und zwar aus finanziellen Gründen nur bei den Knaben, und bei einer sehr viel kleineren Stichprobe auch der Rhesus-Faktor (alle drei Genorte) untersucht (vgl. Walter 1967). Letzterer ist nicht auf den Erhebungsbögen vermerkt und stand deswegen für diese Untersuchung nicht zur Verfügung. Wegen der niedrigen Individuenzahlen – wegen Weigerungen oder verdorbener Proben liegen die serologischen Befunde auch nicht für alle Knaben vor – wurde auf die Auswertung der A1- und A2-Untertypen verzichtet.[23]

---

22 genaues Schema bei Walter, Einbeck (1960), S. 230

23 Die Genfrequenzen wurden wie bei Walter für das AB0-System mit der korrigierten Bernstein-Formel und für das MN-System nach der Gen-Zählmethode berechnet (vgl. Walter 1967, S. 174).

Da bei unseren 14jährigen Schulkindern mit Entwicklungsunterschieden zu rechnen ist, habe ich für die Kartierung, die Hauptkomponentenanalyse und die Gruppenvergleiche nicht die absoluten Maße, sondern nur die Verhältnismaße (Indizes) herangezogen. Für die Knaben wurde außerdem mit Hilfe einer linearen Regressionsanalyse für jeden Knaben eine korrigierte, vom Entwicklungsstand unabhängige Körperhöhe berechnet.[24]

Bei der Einteilung des Materials in Regionen orientierte ich mich an den alten Länder- und Provinzgrenzen vor 1918, mit einigen Abweichungen, wo dies aus ethnohistorischen Gründen sinnvoll erschien. Die Volksdeutschen aus den verschiedenen Siedlungsgebieten in Osteuropa wurden zu vier Gruppen zusammengefaßt.[25]

---

24 Die statistischen Berechnungen der Mittelwerte, Häufigkeiten, Standardabweichungen usw. der anthropologischen Merkmale und alle weitergehenden statistischen Verfahren wurden mit dem SAS-Programmsystem des Universitätsrechenzentrums der Universität Ulm (URZ) vorgenommen. Das Geschlechterverhältnis liegt in unserem Material etwa bei 55 Knaben zu 45 Mädchen. Da in einigen Regionen (Brandenburg, Sachsen-Anhalt-Süd, Sachsen, Ostbrandenburg, Sudetenland-West, Sudetenland-Ost, Baltendeutsche und die Vergleichsregion Münsterland) die Geschlechterrelation um mehr als 5 % nach oben oder nach unten abweicht, habe ich für diese Regionen (außer den Baltendeutschen, wo es nur 4 Mädchen gibt) die Daten auf das Verhältnis 55 zu 45 umgerechnet. Die kleine Gruppe der alteingesessenen Berliner, die nur aus 6 Schülern und einer Schülerin besteht, wird beim regionalen Vergleich nicht berücksichtigt.

25 Die Gruppen sind: I. Die Baltendeutschen aus dem ehemaligen Deutsch-Ordens-Gebiet (Lettland und Estland); II. Die Deutschen aus Polen einschließlich der angrenzenden Gebiete Litauen (das nicht zum Gebiet des Deutsch Ordens gehörte und in das erst im 19. Jahrhundert Deutsche einwanderten), Wolhynien und Ostgalizien; III. Die übrigen deutschen Siedlungsgebiete in Rußland und Rumänien (Wolgagebiet, Ukraine, Bukowina, Bessarabien, Dobrudscha, Siebenbürgen); IV. Die Siedlungsgebiete in Ungarn und dem ehemaligen Jugoslawien (Ungarn einschließlich Slowakei, jugoslawisches Banat, Südsteiermark, Gottschee, Slawonien). Die Individuen in Gruppe III. kommen hauptsächlich aus der Bukowina und Bessarabien, die in Gruppe IV. zum großen Teil aus dem jugoslawischen Banat.

Geographischen Differenzierungen nach Regionen

„Erstes Ziel einer anthropologisch-morphologischen Untersuchung auf breiter regionaler Basis sind Übersichtskarten, nämlich Karten von Merkmalen, Merkmalskombinationen, Typenhäufungen. Die regionalen Differenzierungen, die sie besser sichtbar machen als dies Tabellen tun, sind der Ausgangspunkt für alle anthropogeographischen und bevölkerungsgeschichtlichen Interpretationen.“ [26]

Betrachtet man die Karten (Karten 1-5), so zeigen gut die Hälfte der untersuchten Merkmale mehr oder weniger deutliche geographische Gradienten. Es lassen sich zwei Hauptgradienten unterscheiden. Der erste ist ein Nordwest-Südost-Gradient. Bei ihm liegt der westliche Differenzierungspol in den nordwestlichen Regionen Mecklenburg-Vorpommern und Sachsen-Anhalt-Nord und der südöstliche in Schlesien und im Sudetenland. Ein solches Gefälle weisen vor allem die Merkmale auf, in denen die generellen Proportionen des Körpers und des Kopfes zum Ausdruck kommen, sowie die Pigmentierung. Der Nordwesten tendiert dabei zu heller Komplexion von Haaren und Augen sowie zu größerer Körperhöhe, leptosomem Konstitutionstypus, schmaler Kopf- und Gesichtsform und kräftigerem Kinn. Im Südosten in Schlesien, dem Sudetenland und in Mitteldeutschland finden sich entsprechend die dunkelpigmentierteren, breitwüchsigeren und kurzköpfigeren Schulkinder. Der zweite Gradient ist ein Nordost-Gradient. Bei diesem findet sich der entgegengesetzte Pol zu den nordwestlichen Regionen Mecklenburg-Vorpommern und Sachsen-Anhalt-Nord im Nordosten des Untersuchungsgebietes in Ost- und Westpreußen und im Ostzipfel Pommerns. Es handelt sich um

[26] Schwidetzky 1955, S. 116

Die Landkreise in Ostdeutschland vor 1945

morphognostisch-physiognomische Merkmale wie betonte Jochbögen und schräge Lidspalten, stark welliges oder stark konkaves Nasenprofil und das zurückweichende Kinnprofil.

Es liegt nahe in dem blonden, schlankwüchsigen Schwerpunkt im Nordwesten den Ausdruck eines typologisch nordiden, ethnohistorisch germanischen und deutschen Bevölkerungselements, in dem östlichen mit betonten Jochbögen und schrägen Lidspalten den eines osteuropiden, slawischen und baltischen und in dem südlichen, dunkelpigmentierten und breitwüchsigeren den einer noch älteren, möglicherweise keltischen Bevölkerungsschicht zu sehen.

Dabei nimmt Westpreußen bei einer ganzen Reihe von Merkmalen eine „östlichere" Stellung als Ostpreußen ein, das damit entsprechend seiner historischen und linguistischen Sonderstellung stärker nach Westen tendiert, als seiner geographischen Lage entspricht. Überraschenderweise zeigt Masuren im Vergleich zum übrigen Ostpreußen keinen besonders „östlichen" Charakter. Das kann darauf beruhen, daß die masurische Vertriebenen-Stichprobe wahrscheinlich nicht repräsentativ für die masurische Vorkriegsbevölkerung ist. Denn bei der Vertreibung blieben viele slawischstämmige Masuren als sogenannte „Autochthone" im Land bzw. wurden von den Polen dort festgehalten. Dafür, daß die masurischen Vertriebenen eine Siebungsgruppe sind, spricht auch die Tatsache, daß die Masuren nach einer Vorkriegsuntersuchung einen höheren Prozentsatz des Blutgruppenallels B als die übrigen Ostpreußen aufwiesen[27], nach unserer Untersuchung aber einen geringeren.

Ein ungewöhnliches Ergebnis zeigt die Kartierung des Blutgruppengens B des AB0-Systems. Neben dem zu erwartenden Schwerpunkten im Osten weisen auch die mitteldeutschen Regionen (Sachsen-Anhalt Süd, Thüringen, Sachsen, Lausitz, sowie die Gruppe mit Herkunft aus verschiedenen der vier mitteldeutschen Regionen) recht hohe B-Werte auf. Das dürfte damit zusammenhängen, daß die mitteldeut-

---

[27] Schaede 1929

schen Gruppen als Flüchtlinge aus der Ostzone und der späteren DDR keine repräsentativ Stichproben der mitteldeutschen Bevölkerung darstellen.

Bei den einheimischen Westfalen zeigt sich im Ruhrgebiet ein östlicher Einfluß, kenntlich bei den Leitmerkmalen Stellung der Lidspalte und Stellung der Jochbögen und der Blutgruppe B, der auf die Arbeitermigration aus Ostdeutschland und Polen um 1900 zurückgeht.

Ein unerwarteter Befund ist die ausgesprochene Schmal- und Geradnasigkeit Schlesiens und des Sudetenlandes, die auch im Widerspruch zu den eher breitförmigen Gesichtern in diesem Gebiet steht. Möglicherweise kommt in ihr ein typologisch dinarider Bevölkerungseinschlag zum Ausdruck. Sie besteht auch in Oberschlesien und den Trägern polnischer Familiennamen in Oberschlesien. Nach polnischen Untersuchungen setzt sie sich jedoch nicht im südlichen Polen fort.[28]

Die Karten der in der Felddiagnose bestimmten Rassentypen bestätigen das Bild der Einzelmerkmale. Knapp die Hälfte aller Individuen läßt sich keinem der unterschiedlichen Typen zuordnen und bleibt unbestimmt, hat in der Regel eine Merkmalskombination, die irgendwo zwischen Typen liegt. Fast man die Nordiden im engeren Sinn (die Teutonordiden nach Egon von Eickstedt, Karte 6) mit den Fälischen zu den Nordiden im weiteren Sinn zusammen, besteht in allen Regionen eine relative Mehrheit der Nordiden, was die Vorstellung von der nordischen Prägung des deutschen Volkes bestätigt. Einzige Ausnahme sind die Volksdeutschen aus Ungarn und den angrenzenden Gebieten mit einer relativen Mehrheit der Alpinen, was bei der niedrigen Individuenzahl (n=36) aber nicht als gesichert angesehen werden kann.

Eine absolute Mehrheit der Nordiden i.w.S. besteht aber nur in Mecklenburg-Vorpommern, im nördlichen Sachsen-Anhalt, bei den Baltendeutschen und bei den aus der Lausitz stammenden Schulkindern. Letzteres ist ungewöhnlich, beruht überwiegend auf Fälischen und erklärt sich vielleicht aus der Tatsache, daß es sich um eine nicht

---

[28] Schwidetzky 1935

repräsentative Stichprobe von Flüchtlingen aus der Sowjetzone und der DDR (und nur zum kleinen Teil von Vertriebenen vom östlichen Ufer der Neiße) handelt. Vielleicht sind in den Fälischen biologisch auch weniger ausgeprägte Osteuropide verborgen („Ost-Cromagnide“). An zweiter Stelle stehen die Alpinen mit Schwerpunkten im Süden, besonders in Schlesien und im Sudetenland und bei den Volksdeutschen, und an dritter Stelle die Osteuropiden, mit ihrem Schwerpunkt im Osten, besonders im Nordosten.

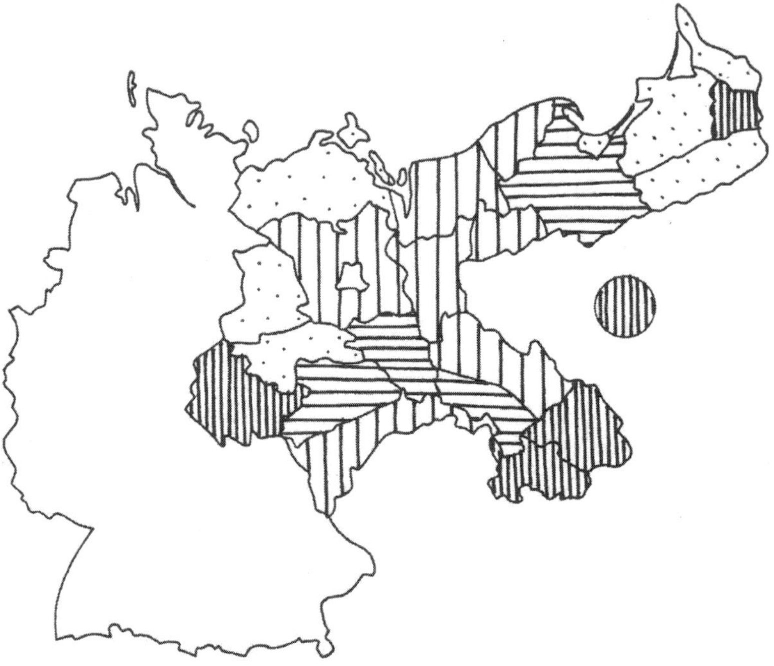

Karte 1

Pyknischer Konstitutionstyp (Knaben und Mädchen)

1 (Punkte): 0 – 5,9 %, 2: 6,0 – 8,9 %, 3: 9,0 – 11,9 %,
4 (dichteste Schraffur): 12,0 % – x
(Ostbrandenburg geglättet)

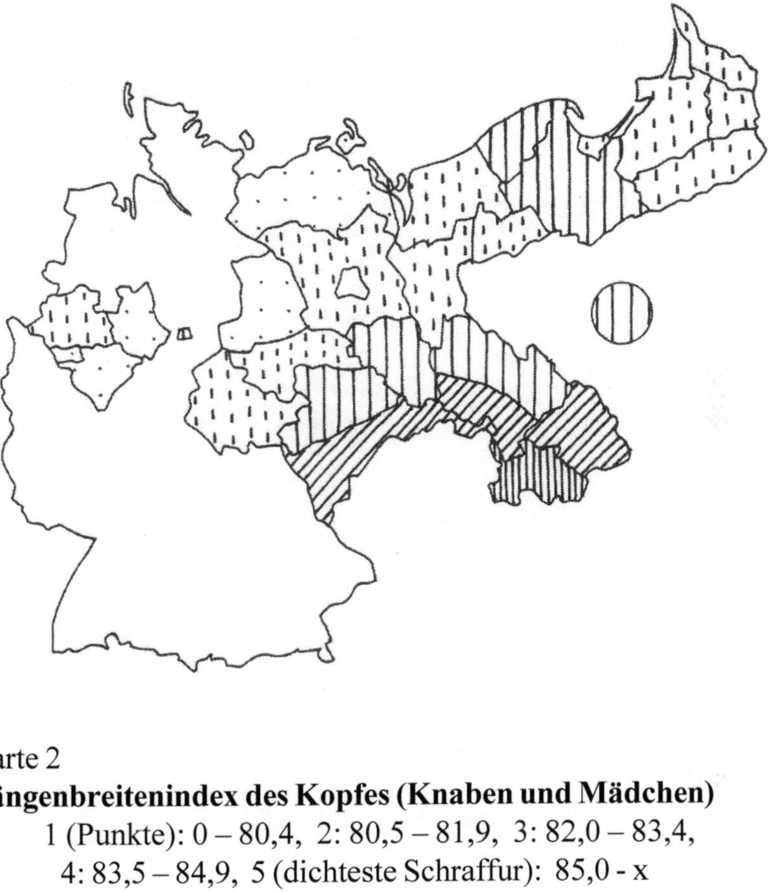

Karte 2

Längenbreitenindex des Kopfes (Knaben und Mädchen)

1 (Punkte): 0 – 80,4, 2: 80,5 – 81,9, 3: 82,0 – 83,4, 4: 83,5 – 84,9, 5 (dichteste Schraffur): 85,0 - x

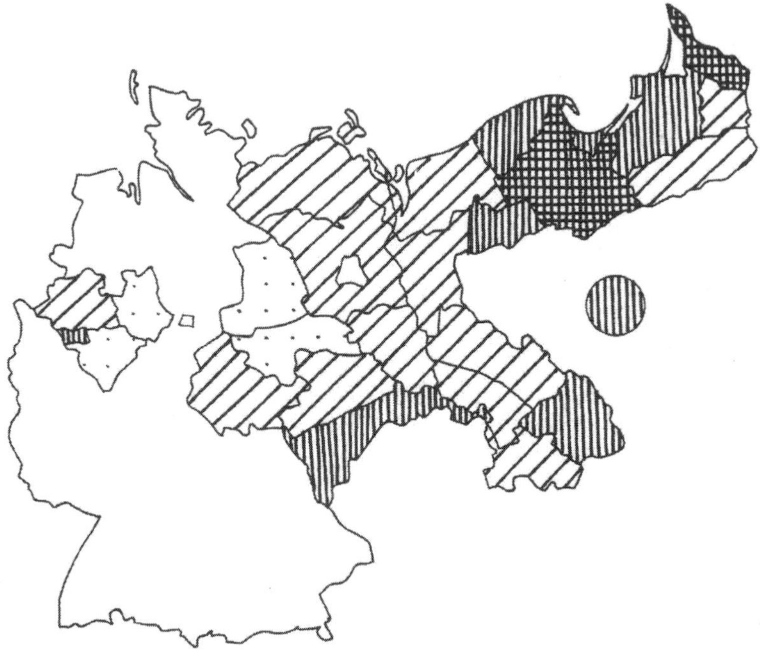

Karte 3

Stellung der Jochbögen betont und stark betont (Knaben und Mädchen)

1 (Punkte): 0 – 19,9 %, 2: 20,0 – 29,9 %, 3: 30,0 – 39,9%,
4 (dichteste Schraffur): 40,0 % - x
(Ostbrandenburg geglättet)

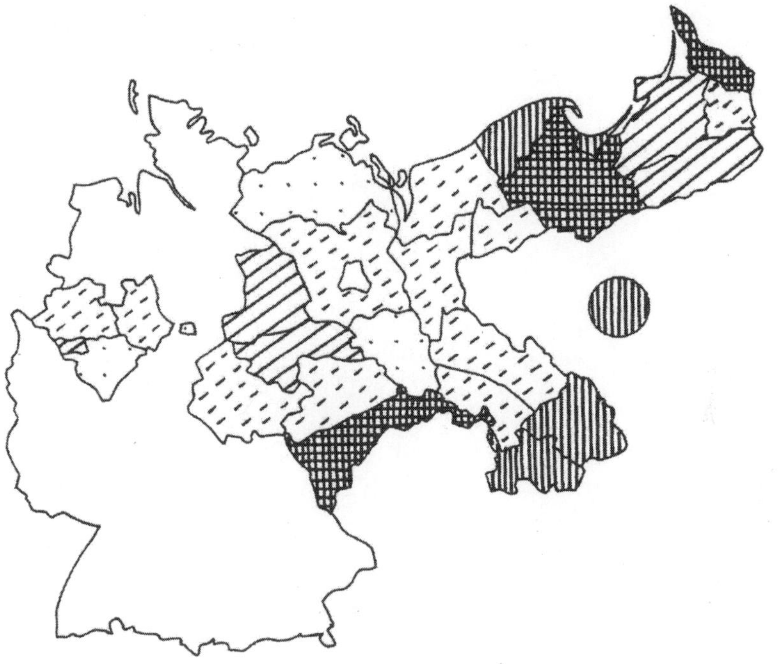

Karte 4

Lidspalten schräg und sehr schräg (Knaben und Mädchen)

1 (Punkte): 0,0 – 9,9 %, 2: 10,0 – 13,9 %, 3: 14,0 – 17,9 %, 4: 18,0 – 21,9 %, 5 (dichteste Schraffur): 22,0 % - x (Ostbrandenburg geglättet)

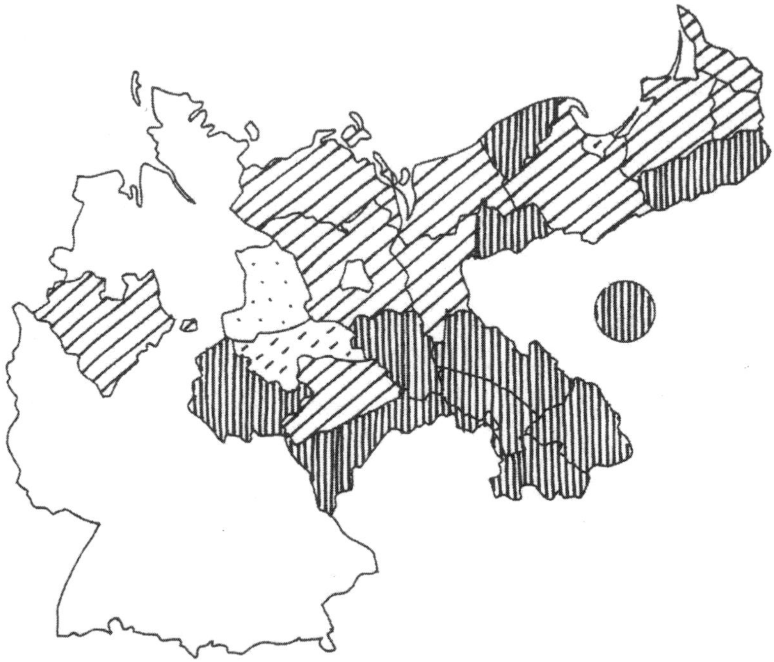

Karte 5

Gesichtsumrißform schmal-oval (Knaben und Mädchen)

1 (Punkte): 0 – 19,9 %, 2: 20,0 – 29,9 %, 3: 30,0 – 39,9 %,
4 (dichteste Schraffur): 40,0 % - x
(Ostbrandenburg geglättet)

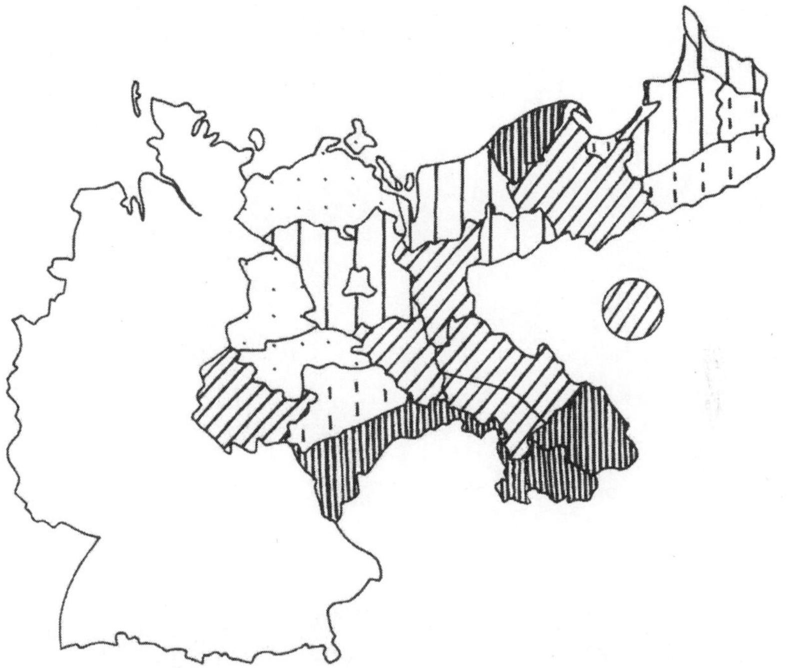

Karte 6

Felddiagnose (teuto)nordid (Knaben und Mädchen)

1 (dichteste Schraffur): 0 – 12,9 %, 2: 13,0 – 17,9 %,
3: 18,0 – 22,9 %, 4: 23,0 – 27,9 %, 5 (Punkte): 28,0 % - x
(Ostbrandenburg geglättet)

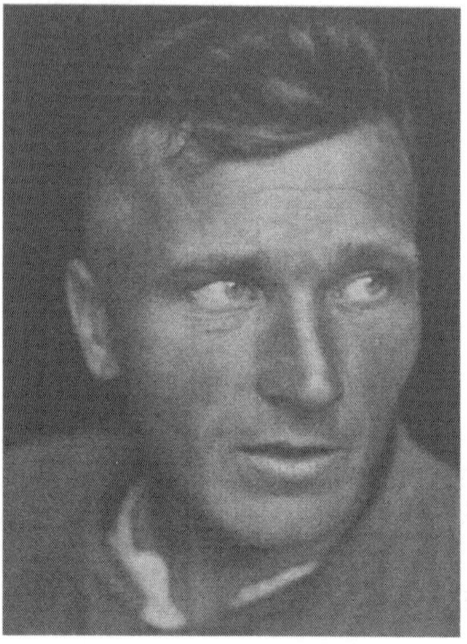

Fischer von der Insel Hiddensee

Frau aus Vorpommern

Fischer von der Kurischen Nehrung

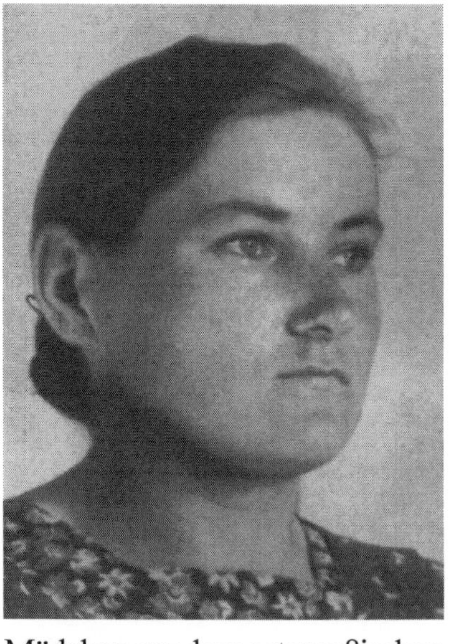

Mädchen aus dem ostpreußischen Oberland

Bilder 1-4

Flößer aus dem ostpreußischen Oberland

Mann aus dem Erzgebirge

Mann aus Schlesien

Frau aus Niederschlesien (alpiner Typus)

Bilder 5-8

Polnische
Bäuerin

Bilder 9,10a-b und 11a-b

Junger Lette
(osteuropid)

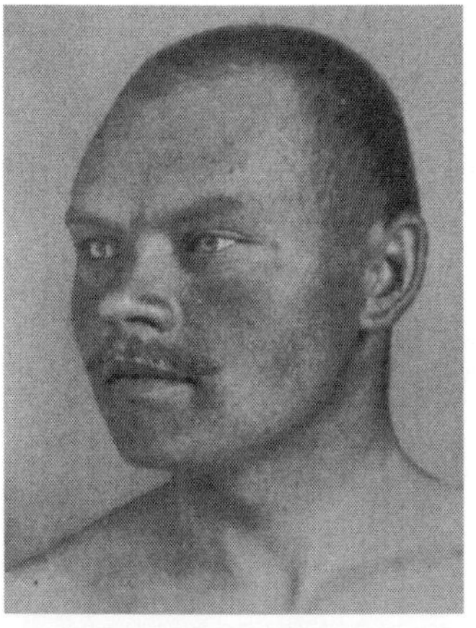

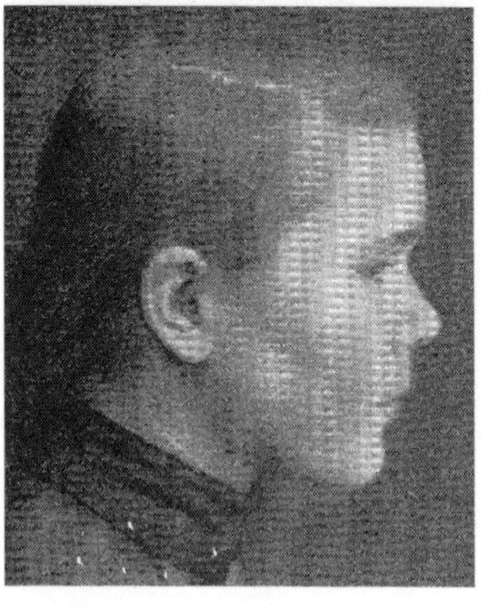

Mädchen
aus Nieder-
schlesien
(osteuropid)

Die Verteilung der Familiennamen

Für die Familiennamen standen die Daten von 3 433 Schulkindern zur Verfügung, weil für deren geographische Zuordnung ja der Großvater väterlicherseits ausreichte, gleichzeitig die Eintragungen in den Erhebungsbögen aber oft fehlten oder unleserlich waren. Zur Bestimmung der ethnischen Zugehörigkeit der Familiennamen zog ich die Namensbücher von Hans Bahlow heran, der für den deutsch-slawischen Kontaktbereich der beste Kenner ist und der auch in starkem Maße Familiennamen slawischer Herkunft berücksichtigt. Für die prussischen und litauischen Familiennamen wurde zusätzlich Spezialliteratur hinzugezogen. Das gleiche gilt für die Salzburger-Namen in Ostpreußen.

Da es auf die ethnische Herkunft der Träger der Familiennamen ankommt, habe ich mich in solchen Fällen, wo die sprachliche Herkunft des Familiennamens in Widerspruch zu einer in dem Namen enthaltenen Herkunftsaussage steht, an die Herkunftsaussage gehalten, z.B. bei *Pohl* oder *Wendt*. Der Familienname *Preuß* wurde zum Beispiel in Ostpreußen als Hinweis auf prussische Herkunft gewertet, in anderen Gebieten, wo er eher auf irgendwelche Beziehungen zu Ostpreußen zurückgeht, aber zu den deutschen Namen gezählt. Die Familiennamen mit der häufigen Endung *-ke* (z.B. *Mielke, Maschke* usw.), die von sprachwissenschaftlicher Seite teilweise als slawische, teilweise als slawisch-deutsche Kontakterscheinung betrachtet wird, werden nach dem Stamm beurteilt. Andererseits habe ich alle Namen mit der litauischen Endung *-eit* oder mit eindeutig modernen slawischen Endungen wie *-itzky* oder *-owsky* nach der Endung beurteilt, selbst wenn der Stamm deutscher Herkunft ist (z.B. *Petereit*). Hier dürfte die Endung Zeugnis einer wahrscheinlich über mehrere Generationen andauernden nichtdeutschen sprachlichen Assimilation der namentragenden Familie sein. Die Familiennamen, die ihrer Entstehung nach Ortsnamen sind, z.B. alle mit der Endung *-dorf* oder der slawischen Endung *-ow*, werden zu den deutschen Familiennamen

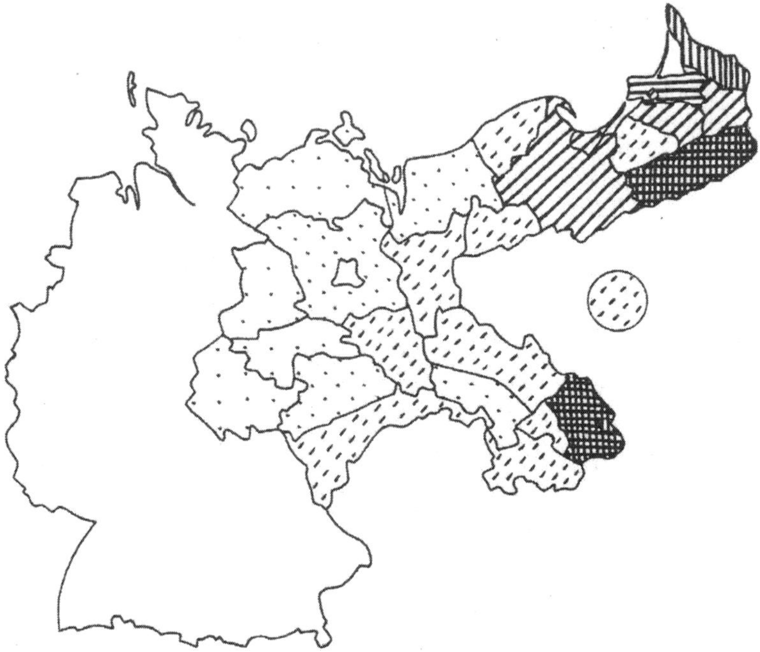

Karte 7

Slawische und baltische Familiennamen

1 (weniger Punkte): 0 – 4,9 %, 2 (mehr Punkte): 5,0 – 14,9 %,
3: 15,0 – 24,9 %, 4: 25,0 – 34,9 %, 5: 35,0 – 44,9 %,
6: 45,0 – 54,9 %,
7 (dichteste Schraffur): 55,0 % - x

gezählt. Sie sagen nichts über die ethnische Herkunft ihrer Träger aus. Bei den slawischen Familiennamen habe ich eine ältere und eine neuere historische Schicht unterschieden. Die ältere Schicht umfaßt Namen, die sprachlich weitgehend eingedeutscht und für den Laien als nichtdeutsche Namen oft gar nicht mehr erkennbar sind, wie *Mielke* oder *Kretschmer*. Sie gehen auf das Spätmittelalter und die frühe Neuzeit zurück. Von dieser habe ich eine jüngere Schicht slawischer Namen unterschieden, die sprachlich gar nicht oder nur geringfügig eingedeutscht sind, wie etwa die polnischen Namen auf *-itzky* oder *–owsky*. Sie dürfte vor allem auf das 19. und frühe 20. Jahrhundert zurückgehen.

Die Karte (Karte 7) zeigt die Verteilung der slawischen Familiennamen beider Schichten und der baltischen (prussischen und litauischen) Familiennamen. Es gibt massive Anteile nichtdeutscher Familiennamen mit jeweils etwa 65 Prozent in Masuren und dem slawischen Teil Oberschlesiens. Im oberschlesischen Industriegebiet ist der Anteil slawischer Familiennamen um etwa 10 Prozent geringer. Der Nordosten Ostpreußens mit seinem litauischen Bevölkerungsanteil weist 47,6 Prozent nichtdeutsche Familiennamen auf. Im spätestens im 17. Jahrhundert germanisierten Samland beträgt ihr Anteil immerhin noch 35,6 Prozent und ist auch in Natangen mit 34,1 Prozent kaum geringer. Der im Mittelalter am intensivsten deutsch besiedelte Teil Ostpreußens, das Oberland, entspricht mit 21 Prozent etwa dem ebenfalls im Mittelalter deutsch besiedelten Teil Oberschlesiens (Kreise Grottkau, Falkenberg, Neisse und Neustadt O.S.), der so in deutlichem Kontrast zum übrigen Oberschlesien steht. Mit etwa 31 Prozent trennt Westpreußen-Ost das ostpreußische Oberland von Pommern. Nach Westen nimmt der Anteil der slawischen oder baltischen Familiennamen rasch ab. Im pommerschen Kerngebiet (Pommern-West) beträgt der Anteil nichtdeutscher Namen nur noch 11,9 Prozent. In Niederschlesien ist ihr Anteil im Norden mit 19,7 Prozent größer als im Süden mit 14,9 Prozent. In der Lausitz steigt er wieder auf 23,7 Prozent an. Alle anderen Regionen westlich von Oder und

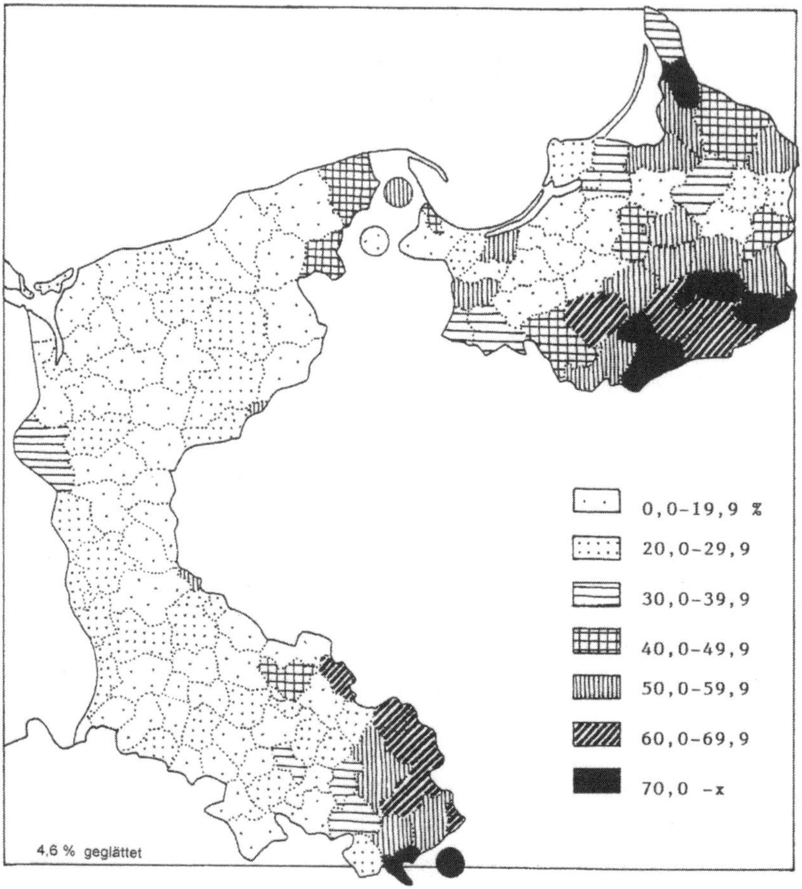

Karte 8
Familiennamen slawischer und baltischer Herkunft nach Kreisen

1 (Punkte): 0,0 – 19,9 %, 2: 20,0 – 29,9, 3: 30,0 – 39,9,
4: 40,0 – 49,9,
5: 50,0 – 59,9, 6: 60,0 – 69,9, 7 (schwarz): 70,0 – x
(4,6 % der Kreise geglättet)

Neiße haben nur Anteile nichtdeutscher Familiennamen, die deutlich unter 10 Prozent liegen. Die volksdeutschen Gruppen in Osteuropa – mit Ausnahme der Baltendeutschen, die nur deutsche Namen tragen – besitzen zu 19 bis 21 Prozent nichtdeutsche Familiennamen.

Der Anteil der slawischen Familiennamen lediglich der jüngeren Schicht (polnische und tschechische Namen) ist nur in Masuren und Nordost-Oberschlesien mit 46,3 und 53,6 Prozent recht hoch. Lediglich Westpreußen und das Sudetenland besitzen noch mehr als 10 Prozent polnischer bzw. tschechischer Namen. Westlich von Oder und Neiße weist nur Berlin mit 4,5 Prozent Familiennamen der jüngeren slawischen Schicht auf.

Der Anteil litauischer Familiennamen einschließlich solcher baltischer Herkunft, bei denen unklar ist, ob sie litauisch oder prussisch sind, macht im Nordosten Ostpreußens 33,3 Prozent aus. Der Anteil der Familiennamen möglicherweise prussischer Herkunft ist erwartungsgemäß mit 24,4 Prozent im Samland – der Halbinsel zwischen Kurischem und Frischem Haff – am größten, gefolgt von Königsberg-Stadt (15,8 %) und Natangen (13,6 %). Im Oberland beträgt er immerhin noch 10,7 Prozent, im Nordosten und Osten Ostpreußens etwa 7 bis 8 Prozent und in Masuren 4,5 Prozent.

Das Hauptgebiet des „Repeublements“ in Ostpreußen nach der Pest von 1709/11 und der Ansiedlung von Salzburger Protestanten (Region Ostpreußen-Ost), zeichnet sich im Vergleich zu Masuren und dem litauischen Nordosten Ostpreußens durch einen hohen Anteil deutscher Familiennamen aus (71%). Ich konnten unter den 53 Familiennamen in diesem Gebiet fünf identifizieren, die schon in der Einwandererliste der Salzburger von 1732 aufgeführt sind (*Pilz, Pilzecker, Seidel, Sinnhuber, Steiner*) und drei weitere aus der Sammlung von Familiennamen der ostpreußischen Salzburger von Kessler (*Lang, Hirschberger, Kreutzberger*).[29] Somit lassen sich im ost-

[29] vgl. Hoese u. Eichert 1932 und Kessler 1937

preußischen Salzburgergebiet vor 1945 noch 15 Prozent der Familiennamen auf die salzburgischen Einwanderer zurückführen.

Weniger erfolgreich war dagegen die Suche nach Familiennamen der Hugenotten. Ich konnte im gesamten ostdeutschen Familiennamenmaterial nur zwei französische Familiennamen finden.

Die Karte der Familiennamen nach Kreisen – zu dem Verfahren bei der Kartierung nach Kreisen siehe unten – zeigt ein noch differenzierteres Bild als diejenige nach Regionen (Karte 8). Bemerkenswert ist die Insel von mehr als 80 % deutschen Familiennamen in Ostpreußen, das Oberland, das nördliche Ermland und Teile Natangens umfassend, die teilweise übergangslos an Gebiete mit mehr als 50 % nichtdeutschen Namen grenzt (z.B. den Kreis Allenstein mit 66,7 %). Eine weitere deutsche Familiennameninsel in Ostpreußen bildet das Salzburgergebiet um Insterburg und Gumbinnen im Osten Ostpreußens. Die höheren Anteile nichtdeutscher – hier slawischer – Familiennamen im Osten Pommerns beschränken sich auf die unmittelbaren östlichen Grenzkreise Lauenburg und Bütow. Sogar ein Gebiet an der unteren Oder deutet sich mit einem etwas höheren Anteil slawischer Familiennamen an (Kreis Königsberg/Nm). Höhere Anteile slawischer Familiennamen, die auf der Karte der Regionen nicht erkennbar waren, zeigen sich auch am nordöstlichen Rand Niederschlesiens und in der Stadt Danzig, die sich dadurch von den umliegenden Landkreisen abhebt.

Merkmalskorrelationen als Typennachweis

Bei der Datenerhebung sind neben Einzelmerkmalen auch typologische Diagnosen gestellt worden. Die Kartierung der Rassentypen entspricht weitgehend dem Verteilungsbild der Einzelmerkmale. Viele Nordide im Nordwesten, viele Osteuropide im Nordosten, aber auch in Oberschlesien und im Sudetenland, und viele Alpine in Schlesien und dem Sudetenland. Es fällt aber auf, daß Dinaride in unserem Material so gut wie nicht vorkommen, obwohl sie bei der Landesuntersuchung Schlesien eine beträchtliche Rolle spielten. Der Grund dafür dürfte sein, daß die rassendiagnostisch wichtigsten Merkmale des dinariden Typus sich erst bei Erwachsenen ausprägen. Das kindliche Hinterhaupt ist noch gewölbt, nicht steil abfallend wie das dinaride, das Nasenprofil noch gerade, nicht konvex gebogen, und auch die ausgeprägten Nasolabialfalten der Dinariden bilden sich erst bei Erwachsenen aus.

Besonders aufschlußreich in typologischer Hinsicht ist der Vergleich der Korrelationen der Merkmale der Ostdeutschen mit denen der Einheimischen der Westfalen-Untersuchung. Während bei den ostdeutschen Knaben die höchste Merkmalskorrelation mit r = 0,44 diejenige zwischen betonten Jochbögen und schrägen Lidspalten ist, beträgt diese bei den westfälischen Knaben nur 0,07 und ist nicht signifikant von Null unterschieden. Es besteht außerdem bei den Ostdeutschen ein Zusammenhang von betonten Jochbögen und schrägen Lidspalten mit dem zurückweichenden Kinnprofil, der ebenfalls in Westfalen fehlt. Diese Korrelationen sind ein deutlicher Hinweis auf den osteuropiden Typus in der ostdeutschen Bevölkerung. Bei den Westfalen weisen statt dessen die breiten Gesichter die tiefer liegenden Augen (r = 0,24) und häufiger gerade statt schräge Lidspalten (0,11) auf. Nach Schwidetzky, die die Merkmalskorrelationen der einheimischen Westfalen untersucht hat, ist offensichtlich, *„daß hier jener Merkmalskomplex zutage tritt, der in der Literatur als fälischer Typus beschrie-*

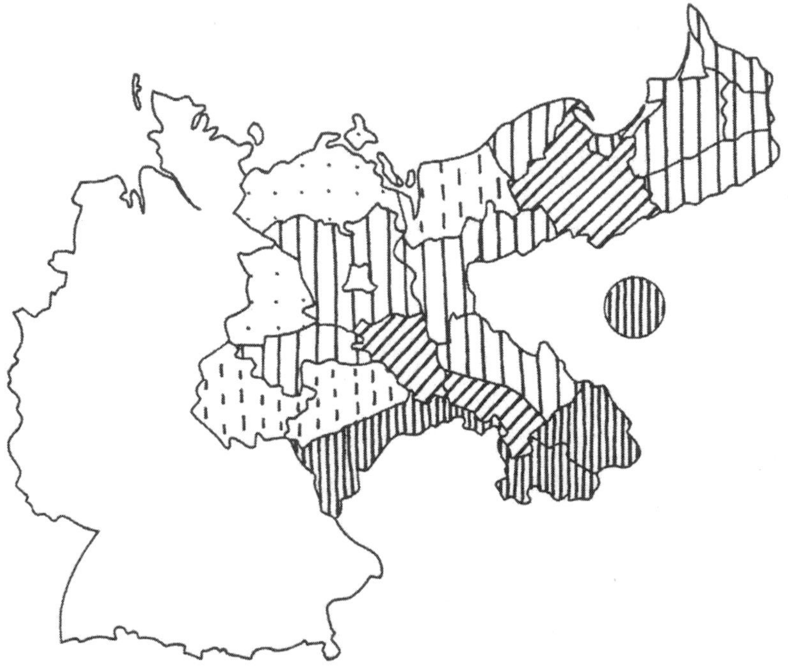

Karte 9

1. Hauptkomponente (Breitenkomponente) (Knaben und Mädchen)

1 (Punkte): 0 – -0,401, 2: -0,400 – -0,201,
3: -0,400 - -0,001,
4: 0,000 – 0,199, 5 (dichteste Schraffur): 0,200 – x

ben wird“.[30] Bei den ostdeutschen Knaben, bei denen auch die Blutgruppen untersucht wurden, haben die osteuropiden Typen höchstsignifikant häufiger die Blutgruppe B.

Auf der Grundlage der Korrelationen der Einzelmerkmale führte ich eine Hauptkomponentenanalyse durch (Karten 9-11). Das ist ein multivariates statistisches Verfahren, bei der die Gesamtvariabilität der Merkmale auf Komplexe miteinander korrelierter Merkmale – die Hauptkomponenten – reduziert wird.[31] Es ergab sich eine 1. Hauptkomponente, die auf den Korrelationen des Gesichtsindex zum Nasenindex, Längenbreitenindex, der morphognostischen Gesichtsform und zum Rohrer-Index beruht, mit niedrigen Werten im Nordwesten und hohen im Südosten, die als Breitenkomponente angesehen werden kann und 14,3 Prozent der Merkmalsvariabilität erklärt. (Der Rohrer-Index drückt das Verhältnis von Körpergewicht zur Körperhöhe aus, je niedriger der Index, desto leichter und meist auch schlanker ist die Person).

Die 2. Hauptkomponente (11,1 %) beruht auf der Verbindung von betonten Jochbögen mit schrägen Lidspalten, zurückweichendem Kinn und konkavem oder welligem Nasenrückenprofil. Sie zeigt die höchsten Werte in Westpreußen, gefolgt von Danzig und Ostpreußen-Nordost.

Die 3. Hauptkomponente erklärt knapp 10 Prozent der Gesamtvariabilität und beruht auf der Korrelation von Haar- und Augenfarbe. Diese beiden Merkmale sind relativ hoch miteinander korreliert und weisen nur geringe Beziehungen zu anderen Merkmalen auf, weshalb sie eine eigene Hauptkomponente ergeben. Ihre geographische Verteilung entspricht der der Farbmerkmale mit positiven Werten im Süden und negativen im Norden.

---

30 Schwidetzky 1967 in Schwidetzky und Walter 1967, s. 84

31 Um auch die wichtigen morphognostischen Merkmale einbeziehen zu können, habe ich der eigentlichen Hauptkomponentenanalyse die SAS-Prozedur PRINQUAL vorgeschaltet, durch die nominal-, ordinal- und intervallskalierte Daten in einer gemeinsamen Korrelationsmatrix vereint werden können. Für die Berechnung der Hauptkomponentenwerte der Regionen habe ich beide Geschlechter zusammengefaßt.

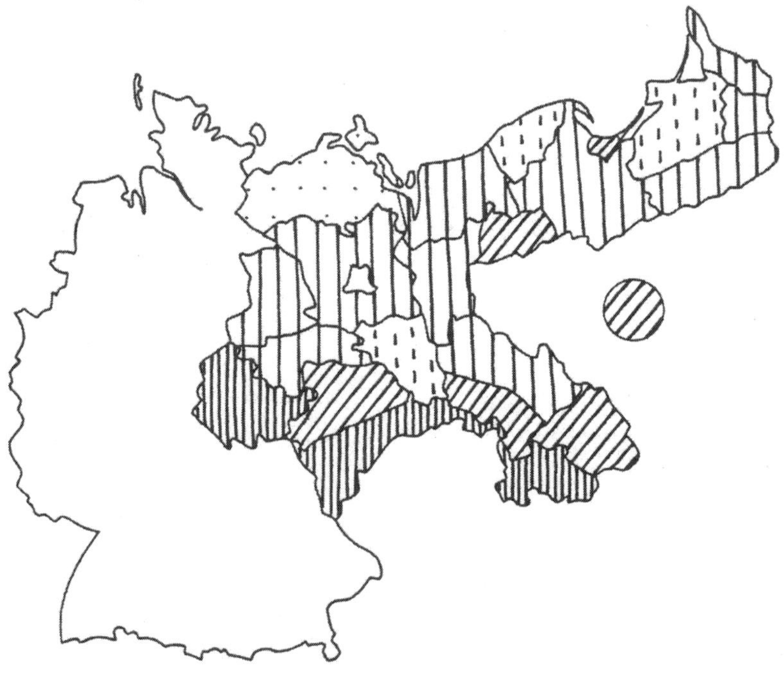

Karte 10

3. Hauptkomponente (Pigmentierungskomponente) (Knaben und Mädchen)

1 (Punkte): 0 - -0,401, 2: -0,400 – -0,201,
3: -0,200 - -0,001, 4: 0,000 – 0,199,
5 (dichteste Schraffur): 0,000 – 0,199
(Ostbrandenburg und Westpreußen-West geglättet)

Die 4. Hauptkomponente (8 %) beruht auf der Korrelation zwischen niedrigem Längenbreitenindex und gewölbtem Hinterhaupt und beschreibt damit die Längenproportion des Hirnschädels. Ihre geographische Verteilung entspricht den beiden zugrundeliegenden Merkmalen mit hohen positiven Werten im Norden und negativen im Südosten, insbesondere im Sudetenland.

Die 5. Hauptkomponente (Knaben 7,7 %, Mädchen 8,0 %) verbindet mit tiefliegenden Augen und vorspringendem Kinn zwei unterschiedliche Gesichtsabschnitte miteinander. Sie kann als Ausdruck eines geraden, markanten Gesichtsprofils angesehen werden und hat positive Werte im Norden und Westen – am höchsten in Mecklenburg-Vorpommern und Sachsen-Anhalt-Nord – und negative im Süden, vor allem im Sudetenland.

Wenn man berücksichtigt, daß in der Hauptkomponentenanalyse auch anatomische und genetische Faktoren zum Ausdruck kommen – ersteres in der 1. und der 4. Hauptkomponente und letzteres in der 3. Hauptkomponente – kann man in ihnen die Bestätigung der typologischen Zusammensetzung der ostdeutschen Bevölkerung sehen. Der negative Pol der Breitenkomponente und der positive der Gesichtsprofilkomponente entsprechen dabei dem nordiden Typus, die positiven Pole der Breitenkomponente und der Pigmentierungskomponente dem alpinen Typus und der positive Pol der 2. Hauptkomponente (Stellung der Jochbögen und schräge Lidspalten) dem osteuropiden Typus.

Wie auch schon von anderen Autoren betont wurde, besteht der vermeintlich so große Gegensatz zwischen subjektiver Typologie und objektiven typologiefreien statistischen Verfahren in Wirklichkeit nicht (außer natürlich bei schlechten Typensystemen oder auch ungeeigneten statistischen Verfahren).[32] Vielmehr ergänzen sich Typologie und statistische Methoden. Da die traditionellen Typenvorstellungen nicht

---

[32] Bernhard 1992; Rösing 1990, Rösing u. Wikler 1992, Winkler 1983, Winkler 1988, Schwidetzky 1974, Schröter 1993

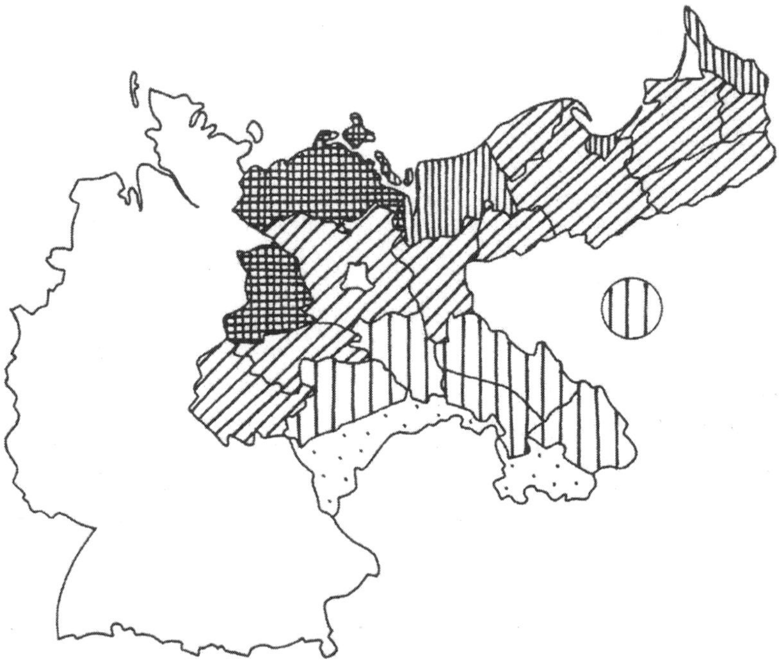

Karte 11

5. Hauptkomponente (Gesichtsprofilkomponente) (Knaben und Mädchen)

1 (Punkte): 0 –0,401, 2: -0,400 –0,201, 3: -0,200 –0,001, 4: 0,000 – 0,199,
5: 0,200 – 0,399, 6 (dichteste Schraffur): 0,400 - x
(Ostbrandenburg geglättet)

das Ergebnis von willkürlichen Entscheidungen, sondern eines langen Klärungsprozesses in der Wissenschaftsgeschichte sind, in dem die Zahl der Typen sich vermehrte, alte Typenvorstellungen korrigiert oder verworfen wurden und die Typen immer wieder mit den Merkmalsbefunden verglichen wurden, ist dies eigentlich auch nicht überraschend. Die empirischen Differenzen zwischen Typen und statistischen Merkmalsbefunden können fruchtbare Hinweise auf methodische Probleme, regionale Besonderheiten oder biologische Prozesse sein.

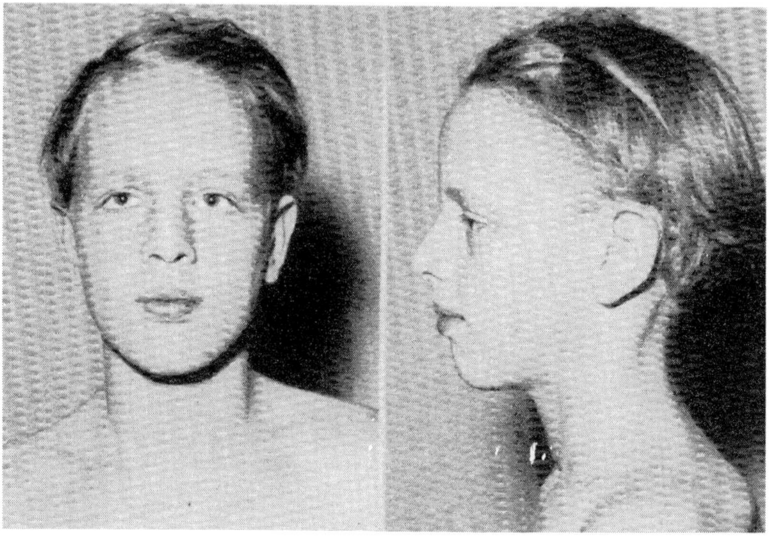

Bild 12a: 14jähriger Knabe (nordider Typus)

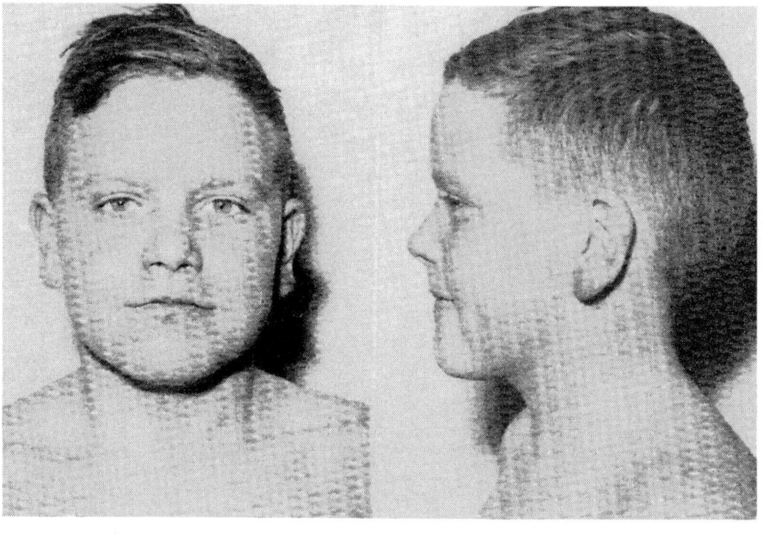

Bild 12b : 14jähriger Knabe (fälischer Typus)

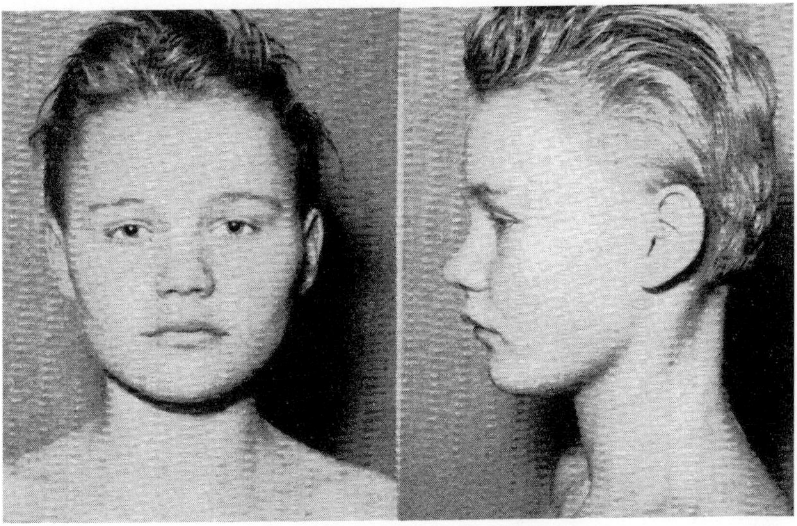

Bild 12c: 14jähriger Knabe (osteuropider Typus)

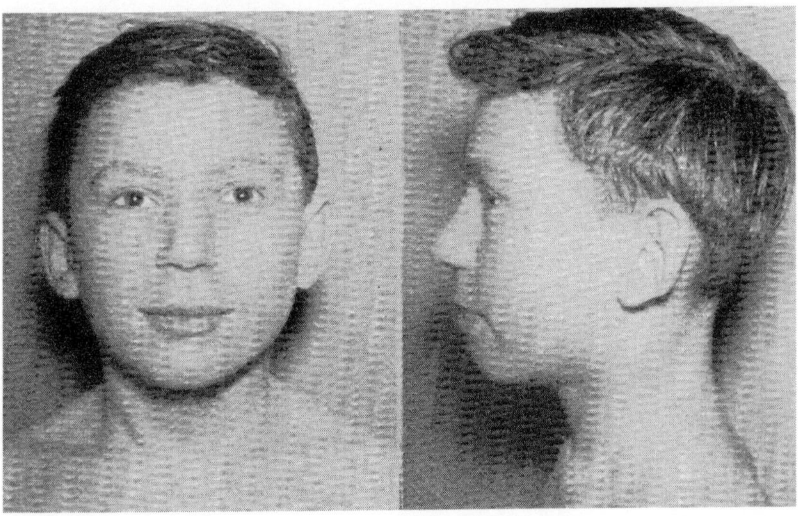

Bild 12d: 14jähriger (alpiner Typus)

Bild 13: Ostpreussin aus salzburgischer Familie

Geographischen Differenzierungen nach Kreisen

Um aus dem einmaligen, nicht vermehrbaren Datenmaterial möglichst viele Informationen über geographische Differenzierungen herauszuholen, habe ich für das Gebiet östlich von Oder und Neiße, für das mehr Daten vorliegen als für die Flüchtlinge aus der DDR, außerdem eine Kartierung nach Land- und Stadtkreisen durchgeführt. Die Individuenzahl pro Kreis ist mit durchschnittlich 12 (Knaben und Mädchen) nur klein. Um durch die kleine Zahl bedingte Abweichungen auszugleichen, habe ich die Mittelwerte von Kreisen, die weniger als 10 Individuen aufweisen und stark von ihrer Umgebung abweichen, geglättet, das heißt mit den Mittelwerten ihrer Nachbarkreise verrechnet. Diese Vorgehensweise kann keine neuen Akzente in den Karten setzen, allenfalls vorhandene abschwächen. Der Anteil der so geglätteten Kreismittelwerte liegt bei den einzelnen Merkmalskarten zwischen 7,2 und 17,6 Prozent.

Die Karten (Karten 12-18) lassen einige geographische Verteilungsmuster erkennen, die bei der gröberen Einteilung nach Regionen nicht erkennbar waren. So zeigen sich in Ostpreußen mehrere kleinere Gebiete mit stärkerer Ausbildung osteuropider Merkmale wie betonter Jochbögen, schräger Lidspalten und konkavem Nasenprofil, die in geringerem Maße auch breitere Unterkiefer (Unterkiefergesichtsindex), weniger schmale Gesichtsformen und eine gedrungenere Körpergestalt (höherer Rohrer-Index) aufweisen. Diese Gebiete sind die Memelniederung östlich des Kurischen Haffs, das Samland mit seinen vielen prussischen Familiennamen und das rechte Weichselufer südlich von Danzig. Etwas weniger stark ausgeprägt finden sich diese Merkmale auch in Masuren, besonders in den Kreisen an der polnischen Grenze. Diesen Gebieten steht ein stark nordid geprägtes Zentrum im Westen Ostpreußens gegenüber, mit verhältnismäßig schmaler Kopf- und Gesichtsform, anliegenden Jochbögen und geraden Lidspalten. Dies sind das Oberland und Natangen, die Kerngebiete der deutschen Siedlung im Mittelalter. Auch das salzburgische Siedlungs-

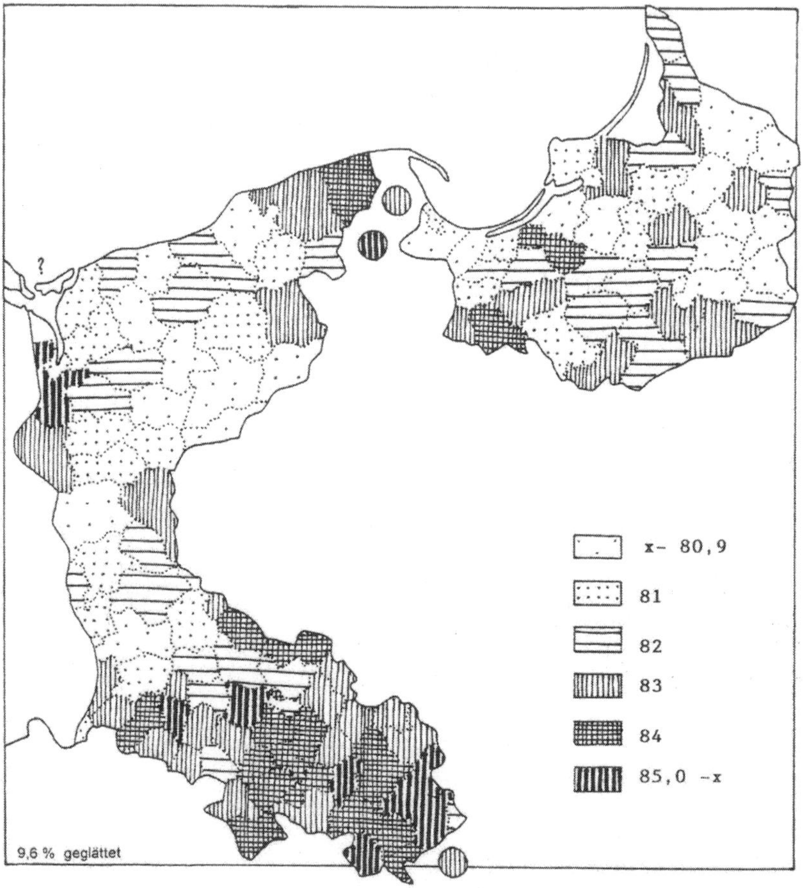

Karte 12
Längenbreitenindex des Kopfes (Knaben und Mädchen)
1 (Punkte): x – 80,9, 2: 81, 3: 82, 4: 83, 5: 84, 6 (dichteste Schraffur): 85,0 - x

gebiet im Osten um Insterburg und Gumbinnen hat nur wenige osteuropide Merkmale.

Im Nordwesten des Kartengebietes, in Pommern, der nördlichen Grenzmark Posen-Westpreußen und dem nördlichen Ostbrandenburg zeigen sich zwei Kerngebiete stärker osteuropider und weniger nordider Merkmalausprägung. Das eine ist der östliche Zipfel Pommerns, das andere das Gebiet an der Oder mit Ausstrahlung nach Norden zur Küste hin und nach Osten entlang der Netze. Im Gegensatz zu den anderen osteuropiden Schwerpunktgebieten ist letzteres Gebiet schon im Mittelalter eingedeutscht worden und wies in der Neuzeit keine massiven slawischen Bevölkerungsreste mehr auf. Es handelt sich um das Gebiet des Oder- und Netzebruchs, das wegen seines von Gewässern durchzogenen und vielfach sumpfigen Charakters von den deutschen bäuerlichen Siedlern zunächst ausgespart worden war, und in dem noch bis in die Neuzeit hinein viele slawische Fischersiedlungen, sogenannte Kietze, bestanden.[33] Offenbar hat hier trotz der Trockenlegung und Kolonisation im 18. Jahrhundert ein slawischer Bevölkerungsgrundstock überdauert.

In Oberschlesien zeigt das polnische Sprachgebiet auf den nach Kreisen differenzierten Merkmalskarten mehr schräge Lidspalten und betonte Jochbögen, einen hohen Längenbreitenindex des Kopfes (um 85!) und niedrigeren Gesichtsindex (breiteres Gesicht), einen hohen Unterkiefergesichtsindex (breites, kieferbetontes Untergesicht) und einen höheren Rohrer-Index, also eine gedrungenere Gestalt. Der seit dem Mittelalter deutschsprachige Südwesten Oberschlesiens (Kreise Grottkau, Neisse, Falkenberg, Neustadt und Leobschütz) mit nur 20 Prozent slawische Familiennamen schließt sich dagegen anthropologisch an Niederschlesien an. Von Interesse ist auch das mitten im polnischen Sprachgebiet gelegene oberschlesische Industriegebiet. Mit 54 Prozent ist der Anteil slawischer Familiennamen hier etwas geringer als in seiner ländlichen polnischsprachigen Umgebung, was offen-

---

33 Ludat 1936, Krüger 1962

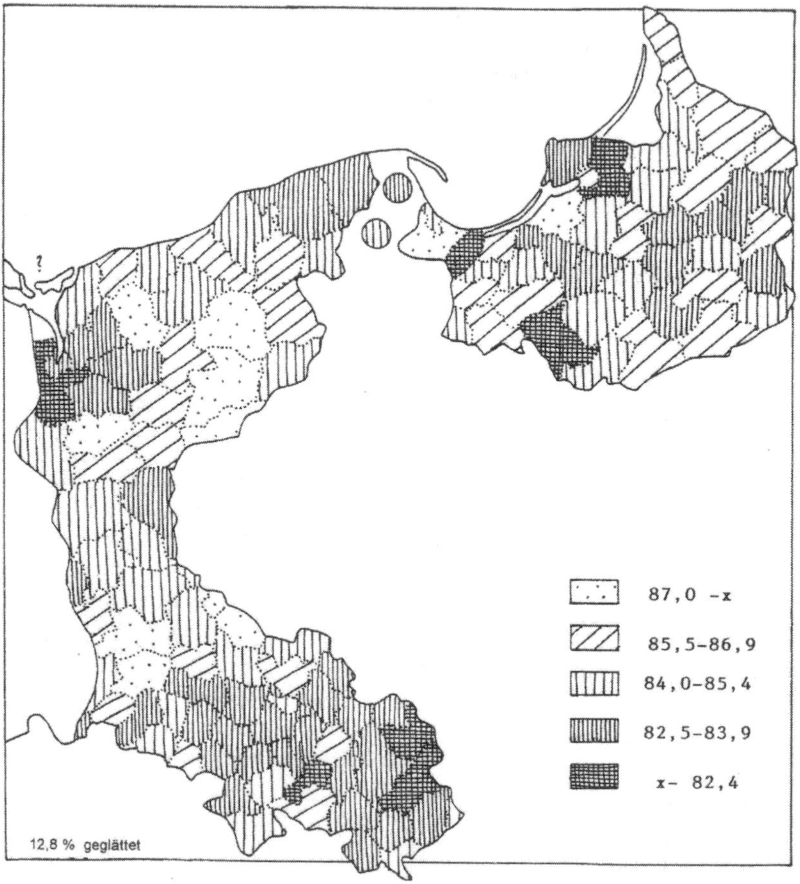

Karte 13

Morphologischer Gesichtsindex

1 (dichteste Schraffur): x – 82,4, 2: 82,5 – 83,9, 3: 84,0 – 85,4, 4: 85,5 – 86,9, 5 (Punkte): 87,0 - x

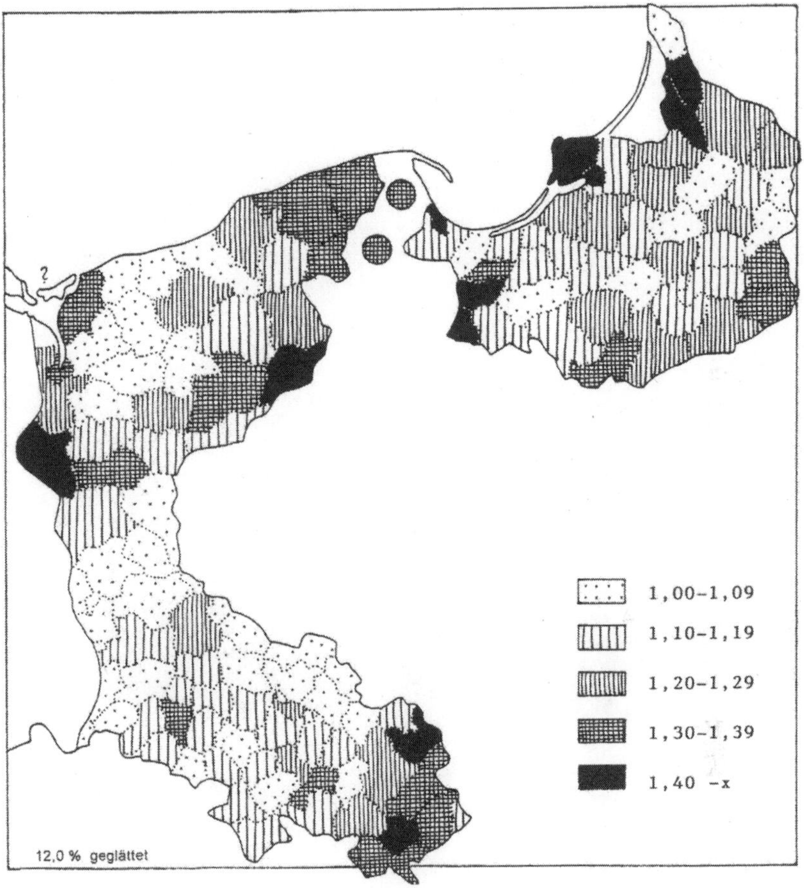

Karte 14
Stellung der Lidspalte (Knaben und Mädchen)
1 (Punkte): 1,00 – 1,09, 2: 1,10 – 1,19, 3: 1,20 – 1,29, 4: 1,30 – 1,39, 5 (schwarz): 1,40 - x

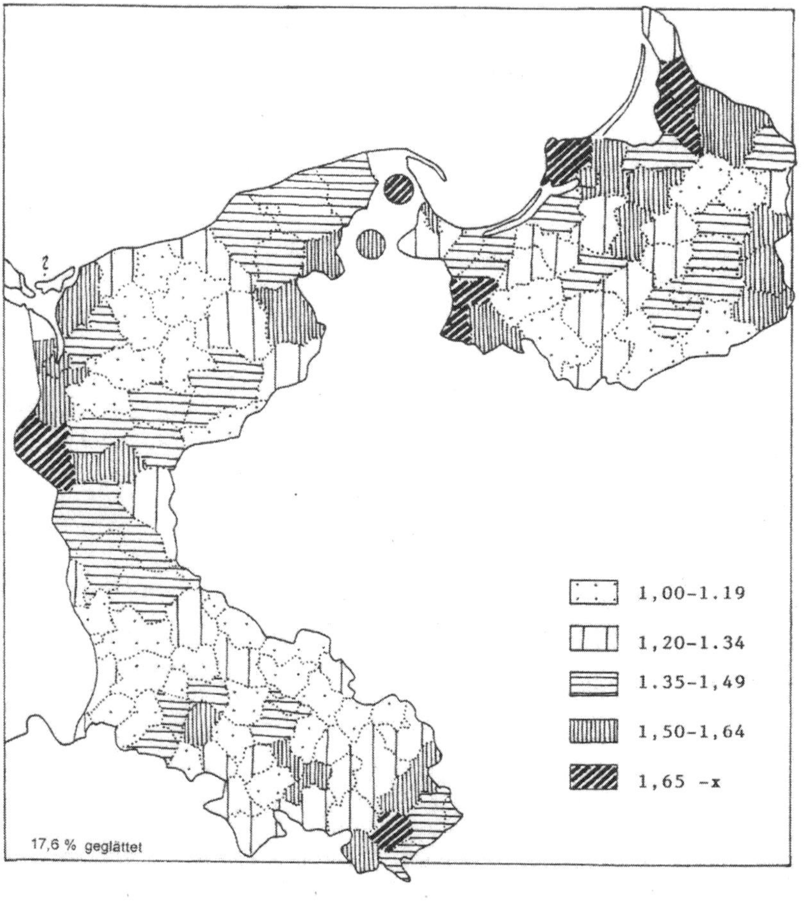

Karte 15

Stellung der Jochbögen (Knaben und Mädchen)

1 (Punkte): 1,00 – 1,19, 2: 1,29 – 1,34, 3: 1,35 – 1,49, 4: 1,50 – 1,64,

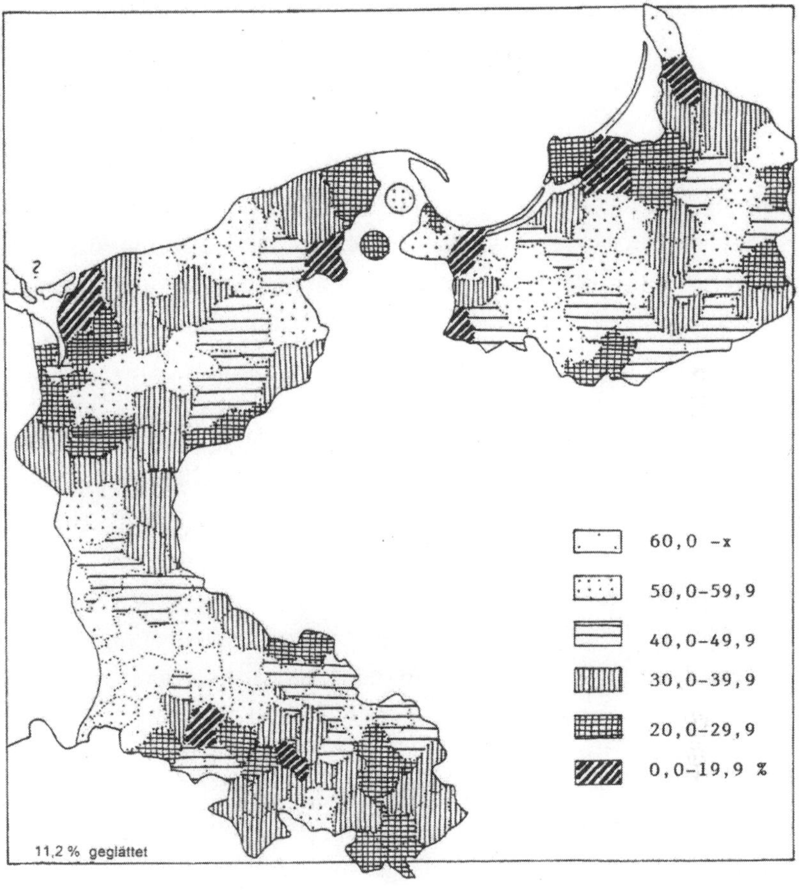

Karte 16
Felddiagnose nordid (teutonordid und fälisch) (Knaben und Mädchen)

1 (dichteste Schraffur): 0,0 – 19,9 %, 2: 20,0 – 29,9,
3: 30,0 – 39,9, 4: 40,0 – 49,9, 5: 50,0 – 59,9,
6 (wenig Punkte) : 60,0 – x

sichtlich auf der Anziehungskraft des Industriegebietes auch auf weiter entfernte Regionen beruht. Auch die anthropologischen Charakteristika der Umgebung sind hier etwas abgeschwächt. Der Längenbreitenindex ist im Industriegebiet mit 82 verhältnismäßig niedrig. Oberschlesien hat verglichen mit Niederschlesien signifikant höhere Werte bei den osteuropiden Leitmerkmalen Stellung der Jochbögen und Stellung der Lidspalte. Die Unterschiede beim Längenbreitenindex und beim Gesichtsindex erreichen nur bei den Mädchen das Signifikanzniveau, ebenso wie die häufiger runde Gesichtsform.

Die Kartierung nach Kreisen läßt auch in Niederschlesien geographische Differenzierungen erkennen, die die Einteilung in Regionen nicht zeigte. Da ist vor allem im Nordwesten ein Zone mit verhältnismäßig schmaler Kopf- und Gesichtsform, anliegenden Jochbögen und schlanker Körpergestalt, die sich von Westen nach Osten schmaler werdend entlang der Oder bis nach Breslau und darüber hinaus erstreckt. Es liegt nahe in ihr die Spur besonders intensiver deutscher Siedlung unter Beteiligung auch von Norddeutschen anzunehmen. An sie schließt sich südlich zwischen der Oder und dem Gebirge eine breite Zone mit einer mehr breitwüchsigeren, gedrungeneren und dunkelpigmentierteren Bevölkerung an, die typologisch in einem größeren Anteil alpiner Typen zum Ausdruck kommt. Aber auch die osteuropiden Leitmerkmale betonte Jochbögen und schräge Lidpalten sind hier wieder etwas häufiger als im Norden oder im Gebirge Niederschlesiens. Der geographische Schwerpunkt dieser Zone liegt südlich von Breslau; sie erstreckt sich in einem breiten Streifen etwa von Goldberg im Westen bis ins südwestliche Oberschlesien und reicht südlich bis an den Rand des Gebirges.

Schon bei der Schlesien-Untersuchung der 1930er Jahre war die überraschende Klein- und Breitwüchsigkeit in diesem Gebiet und die geographische Übereinstimmung mit dem fruchtbaren niederschlesischen Ackerbaugebiet aufgefallen. Es wurde vermutet, daß Modifikations- oder Selektionsvorgänge eine Rolle spielen. Die Anwesenheit der osteuropiden Merkmale läßt aber auch auf einen ge-

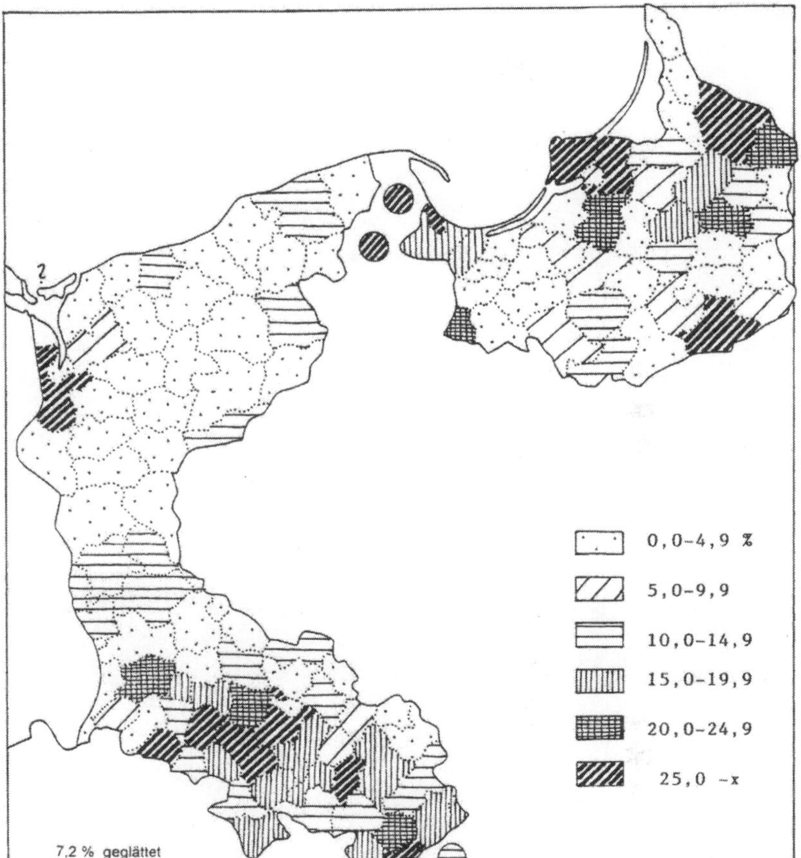

Karte 17

Felddiagnose alpin (Knaben und Mädchen)

1 (wenig Punkte): 0,0 – 4,9 %, 2: 5,0 – 9,9, 3: 10,0 – 14,9, 4: 15,0 – 19,9,
5: 20,0 – 24,9, 6 (dichteste Schraffur): 25,0 - x

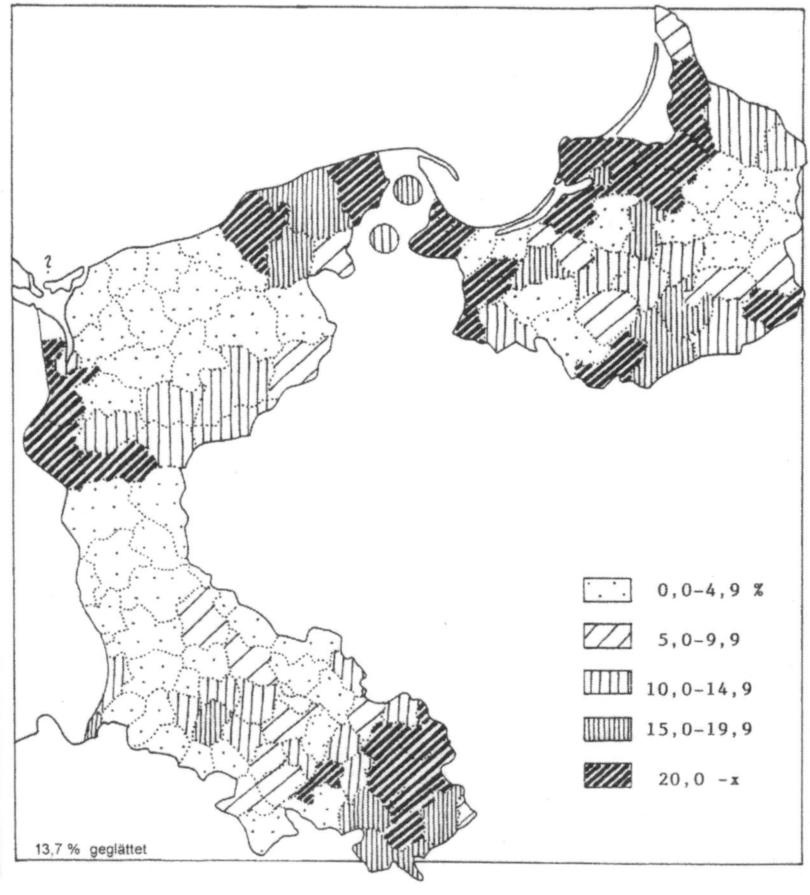

Karte 18

Felddiagnose osteuropid (Knaben und Mädchen)

1 (wenig Punkte): 0,0 – 4,9 %, 2: 5,0 – 9,9, 3: 10,0 – 14,9, 4: 15,0 – 19,9, 5 (dichteste Schraffur): 20,0 - x

genüber der nördlichen Zone größeren Anteil der vordeutschen, slawischen Bevölkerung schließen. Dies entspricht dem historischen Kenntnisstand, daß diese Zone im Gegensatz zum Gebirge bereits in slawischer Zeit intensiv besiedelt war und entsprechend viele slawische Ortsnamen aufweist.

Die eigentliche Gebirgsregion nähert sich anthropologisch wieder stärker der nördlichen Zone an und nimmt bei den verschiedenen Merkmalen eine Mittelstellung zwischen dieser und der mittleren Zone ein. Die Körpergestalt und die Kopf- und Gesichtsform sind schmaler (niedrigerer Rohrer-Index, niedrigerer Längenbreitenindex und höherer Gesichtsindex), die Lidspalte seltener schräg, die Jochbögen sind seltener betont und die Gesichtsform ist häufiger lang-oval als in der mittleren Zone. Insgesamt spricht die anthropologische Struktur der schlesischen Gebirgszone für einen größeren Anteil der deutschen Siedler an den Vorfahren ihrer Bewohner. Dies entspricht dem siedlungsgeschichtlichen Befund, daß die Gebirgszone überwiegend erst von den deutschen Siedlern erschlossen wurde.

Die Karte der Nordiden nach Kreisen zeigt die Summe der Teutonordiden und der Fälischen. Von diesen beiden Varianten der Nordiden sind die Fälischen am häufigsten im pommerschen Binnenland, im ostpreußischen Oberland sowie im mittleren Ostbrandenburg. Die schmalwüchsigen Teutonordiden dominieren dagegen an der pommerschen Küste, im Netzegebiet, an der ostpreußischen Küste am Frischen Haff, in Natangen, in Masuren und in Nordwestschlesien.

Beziehungen der anthropologischen Merkmale zu Konfession und Familiennamen

Verschiedene Gruppenunterschiede habe ich mit Tests auf ihre statistische Signifikanz hin geprüft. (Je nach den Gegebenheiten mit dem t-Test, dem Wilcoxon-Test, dem t-Test zum Vergleich relativer Häufigkeiten nach Sachs, dem Chi-Quadrat-Test und dem exakten Fisher-Test). Bei Signifikanz gelten die gefundenen Unterschiede nach statistischen Gesichtspunkten als nicht zufällig, sondern als reale Eigenschaften der Bevölkerungen, die durch das untersuchte Datenmaterial repräsentiert werden. Berücksichtigt werden neben den üblichen Signifikanzniveaus mit einer Irrtumswahrscheinlichkeit alpha von 0,1 Prozent (höchstsignifikant), von 1 Prozent (hochsignifikant) und 5 Prozent (signifikant) auch noch eines von 10 Prozent, um möglichst alle wirklichen Unterschiede zu erfassen.

Ostpreußen hat von den ehemaligen ostdeutschen Ländern die komplizierteste und wie ich meine interessanteste Bevölkerungsgeschichte. Neben den dort seit alters her lebenden Prussen, die eine baltische Sprache sprachen, und den deutschen Siedlern lebten dort auch baltische Litauer und slawische Masuren. Die deutsche Besiedlung nahm ihren Ausgang von Westen und breitete sich, dabei an Intensität abnehmend, nach Norden aus. Mit prussischer Bevölkerungskontinuität ist am ehesten im Samland zu rechnen, wo die prussische Sprache bis ins 17. Jahrhundert überlebte. Der Norden, Osten und Süden Ostpreußens gehörte zur „Wildnis“, einer unbesiedelten waldreichen und sumpfigen Ödnis, die nur selten von Menschen aufgesucht wurde und als Grenzzone zu den östlichen Nachbarvölkern diente. In der Wildnis siedelten sich seit dem 16. Jahrhundert teils unkontrolliert, teils mit Förderung des Deutschen Ordens im Norden und Osten Litauer und im Süden Masuren an.

Der Vergleich der Träger polnisch-masurischer Familiennamen (der jüngeren Schicht der slawischen Familiennamen) mit denen deutscher Familiennamen zeigt in Ostpreußen eine ganze Reihe von signifikanten

Merkmalsunterschieden (Tabelle 11). Die Träger masurischer Namen haben demnach seltener eine blaue und dafür häufiger eine hellmelierte Augenfarbe und mehr braune Haare, tendieren also zu einer mittleren Haarfarbe und zu grauen Augen. Sie haben signifikant häufiger betonte Jochbögen, ein rundes Gesicht oder breites Untergesicht (höherer Unterkiefergesichtsindex) und ein konkaves Nasenprofil. Außerdem haben sie nicht signifikant, aber mit verhältnismäßig geringer Irrtumswahrscheinlichkeit häufiger schräge Lidspalten (alpha = 0,11), einen höheren Jugomandibular-Index (d.h. ein kieferbetontes Untergesicht) und eine kleinere (anhand des Entwicklungsstandes korrigierte) Körperhöhe (beides mit alpha < 0,10). Alle Merkmalsunterschiede liegen in der Richtung eines stärker osteuropiden Erscheinungsbildes der Träger masurischer Familiennamen.

Da die Stichprobe der Träger litauischer Familiennamen mit 31 Schulkindern recht klein ist, lassen sich bei ihr im Vergleich mit denen deutscher Familiennamen nur wenige Unterschiede statistisch sichern. Die litauischen Namensträger haben signifikant seltener hellmelierte Augen. Statistisch nicht gesichert sind ihre häufiger betonten Jochbögen und runden Gesichter (beides alpha = 0,12), die höhere Musterintensität der Fingerbeeren und der geringere Anteil der Blutgruppe A.

Die 39 Träger prussischer Familiennamen haben einen höheren Längenbreitenindex (82,3) – der Unterschied zu den Trägern deutscher Namen ist jedoch nicht gesichert – und sie besitzen seltener ein gerades und häufiger ein konkaves Nasenprofil (letzteres ist signifikant). Sie tendieren außerdem zu betonteren Jochbögen (n.s.) und flacherer Einbettung des Augapfels (alpha = 0,12). Den Merkmalsbefunden entspricht typologisch ihr signifikant auf 0,5 Prozent-Niveau höherer Anteil osteuropider Typen in der Felddiagnose.

Alles in Allem tendieren die Träger masurischer, litauischer und prussischer Familiennamen in Ostpreußen im Vergleich zu denen deutscher Familiennamen zu mehr osteuropiden Merkmalen, was ihrer osteuropäischen Herkunft entspricht.

In vielen, aber nicht allen Gebieten im früheren deutsch-slawischen Grenzgebiet war der nationale Gegensatz zwischen Deutschen und Polen zugleich auch ein konfessioneller zwischen Protestanten und Katholiken. Deshalb ist es sinnvoll zu fragen, ob es zwischen den Konfessionen auch anthropologische Unterschiede gab, die auf eine teilweise slawische Herkunft bei den Katholiken verweisen würde.

Einen solchen konfessionellen Gegensatz gab es zum Beispiel in Westpreußen, das bis 1772 zum katholischen Königreich Polen gehört hatte. Der Vergleich der 104 evangelischen mit den 68 katholischen Schulkindern ergibt drei signifikante Merkmalsunterschiede (Tabelle 12). Die Katholiken haben demnach einen höheren Rohrer-Index, sind seltener leptosom und haben häufiger betonte Jochbögen. Sie tendieren außerdem nicht signifikant, aber mit noch verhältnismäßig geringen Irrtumswahrscheinlichkeiten zu rundem Gesichtsumriß (alpha < 0,10), schrägen Lidspalten und seltener ausgeprägtem Kinn (alpha = 0,18 und 0,15). Bei den Familiennamen (Tabelle 13) läßt sich wegen der geringen Anzahl der polnischen Familiennamen der Unterschied nur für den höheren Rohrer-Index und das häufigere wellige Nasenprofil sichern.

Nur wenig ergiebig war der Vergleich der Konfessionen und der Familiennamengruppen in Oberschlesien. In Oberschlesien gehörte neben dem slawisch-polnische Bevölkerungsteil auch die Mehrheit der deutschen Bevölkerung der katholischen Konfession an. Der Vergleich der beiden Konfessionen ergibt trotz der einigermaßen befriedigenden Individuenzahlen (n = 273 und 41) selbst auf dem noch nicht signifikanten 10 %-Niveau keinerlei Merkmalsunterschiede. Auch die nicht signifikanten Merkmalsunterschiede zeigen keine einheitliche Tendenz, so daß insgesamt die Frage nach Merkmalsunterschieden zwischen den Konfessionen für Oberschlesien, zumindest aufgrund der vorliegenden Stichprobe, verneint werden muß. Der Grund dafür dürfte sein, daß auch das deutsch besiedelte Gebiet im Südwesten Oberschlesiens katholisch war.

Auch der Vergleich der Träger polnischer Familiennamen mit denen der deutschen ergibt trotz ausreichender Individuenzahlen keine signifikanten Ergebnisse auf 5 %-Niveau. Anders als bei den Konfessionen deutet sich aber bei den Trägern polnischer Familiennamen eine Tendenz zu einem weniger leptosomen Körperbau (alpha < 0,10), einem höherem Rohrer-Index (alpha = 0,11) und zu breiteren Kopf- und Gesichtsproportionen an, die dem Unterschied zwischen Ober- und Niederschlesien entspricht.

Im Sudetenland (Tabelle 14) weisen die Träger tschechischer Familiennamen (n= 16) signifikant häufiger einen hohen Wert der Musterintensität der Fingerbeeren (14,31) und ein schmaleres Gesicht auf. Knapp nicht signifikant tendieren sie auch zu einem höherer Rohrer-Index, zu mehr pyknischen Konstitutionstypen und mehr stark betonten Jochbögen (alle alpha = 0,16 – 0,17). Mit 50 Prozent ist der Anteil der Braunschwarzhaarigen (der dunkelsten Haarfarbenklasse) relativ hoch, was im Vergleich zu den Trägern deutscher Familiennamen aber immer noch mit einer beträchtlichen Irrtumswahrscheinlichkeit behaftet ist (alpha = 0,29). Abgesehen von der schmalen Gesichtsform, die im Widerspruch zu den Daten über Tschechen in der Literatur steht – es sind auch zufällige Signifikanten möglich -, liegen die gefundenen Unterschiede alle in der Richtung eines stärker alpinen und osteuropiden Merkmalsbildes der Träger tschechischer Familiennamen.

Volksdeutsche werden die in Sprachinsel in den verschiedenen osteuropäischen Ländern lebenden Deutschen genannt. Sie gehen auf unterschiedliche Siedlungsereignisse des Mittelalters (Polen, Siebenbürgen, Estland, Lettland) und der Neuzeit zurück (Rußland, Ukraine, Bessarabien, Bukowina, Banat). Bei ihnen kann man den Anteil slawischer Familiennamen der sprachlich jüngeren Schicht – die der älteren Schicht dürften bereits von den deutschen Siedlern mitgebracht worden sein – als ein Maß für die Vermischung mit den umwohnenden Völkern ansehen. Unter ihnen tragen mit Ausnahme der namensmäßig rein deutschen Baltendeutschen 12 Prozent (n = 25) einen nicht deutschen Familiennamen.

Die Träger nicht deutscher Familiennamen (Tabelle 15) unter den volksdeutschen Schulkindern weisen mit 154,5 cm eine signifikant niedrigere Körperhöhe als die deutscher Namen auf (158,1 cm). Vergleicht man nur die anhand des Entwicklungsstandes korrigierte Körperhöhe der Knaben, besteht der Unterschied fort, ist aber nicht signifikant (alpha = 0,21). Mehr als die Hälfte der Träger nicht deutscher Familiennamen weist betonte oder stark betonte Jochbögen auf, was gegenüber den Volksdeutschen mit deutschen Familiennamen hoch signifikant ist (alpha < 0,01). Sie haben außerdem signifikant seltener tiefliegende Augen und häufiger ein fliehendes Kinn (alpha = 0,12), schräge Lidspalten (alpha = 0,11), ein rundes Gesicht (alpha < 0,10) und einen höheren Rohrer-Index, also eine gedrungenere Gestalt (alpha = 0,14). Die Unterschiede sind also trotz der kleinen Zahl beträchtlich. Wahrscheinlich handelt es sich um Kinder aus Mischehen mit einem nicht deutschen Vater oder um die Nachkommen von in den deutschen Siedlungsinseln assimilierten Nichtdeutschen.

Unterschiede zwischen den sozialen Schichten

Es bestehen nicht nur regionale oder ethnische anthropologische Differenzierungen, sondern auch soziale. Welche anthropologischen Unterschiede es zwischen den verschiedenen sozialen Gruppen und Schichten gibt und wie diese zustande kommen, ist das Arbeitsfeld der Sozialanthropologie. So ist zum Beispiel seit langem bekannt, daß die Angehörigen der „höheren" Schichten eine größere Körperhöhe und Kopfgröße haben. Die größere Körpergröße und andere mit ihr korrelierte Maße können auf bessere Umweltbedingungen verweisen. Der Schlüsselbegriff der Sozialanthropologie ist jedoch der der Siebung. Sozialer Aufstieg ist verbunden mit überdurchschnittlicher Begabung, und es besteht eine Korrelationskette von guter Begabung und Hirngröße über die Kopfgröße zur Körperhöhe. Die Korrelation der Schulleistung zum IQ beträgt 0,54, die des Kopfumfangs zum IQ 0,19-0,39 und die der Körperhöhe zum IQ 0,11-0,46[34]. Die meisten körperlichen Merkmale spielen bei der sozialen Siebung keine Rolle, sondern werden nur über psychophysische Korrelationen mitgesiebt. Schon die Tatsache, daß die IQ-Unterschiede zwischen den sozialen Schichten größer sind, als der umweltbedingte Anteil der Variabilität des IQ in der Bevölkerung, weist auf Siebung[35] hin.

In Deutschland sind umfangreiche sozialanthropologische Forschungen vor allem im Rahmen der Schlesien-Untersuchung in den 1930er Jahren,[36] aber auch in der Westfalen-Untersuchung der 1950 und 60er Jahre durchgeführt worden.

Bei der Westfalen-Untersuchung, der unser Material entstammt, sind nach dem Beruf des Vaters neun verschiedene Sozialschichten unterschieden worden:

1. Oberschicht (z.B. Akademiker in entsprechender Stellung, höhe-

---

34 Neyer u. Asendorpf, 2018, S. 156, Rushton 2005, S. 79ff., Schwidetzky 1979, S. 39

35 Knussmann 1996, S. 453

36 Schwidetzky 1938, Eickstedt 1941

re Beamte, Unternehmer und dergleichen)

2. gehobene Mittelschicht (z.B. leitende Angestellte, Lehrer, angesehene Geschäftsleute und kleinere Unternehmer)
3. selbständige nichtbäuerliche Mittelschicht (z.B. Handwerksmeister, Gewerbetreibende)
4. unselbständige nichtbäuerliche Mittelschicht (z.B. Techniker, Werkmeister, entsprechende kaufmännische Angestellte, mittlere Beamte)
5. Bauern
6. selbständige Grundschicht (kleinere selbständige Existenzen, Arbeiter mit Besitz)
7. gelernte Arbeiter ohne Besitz
8. ungelernte Arbeiter ohne Besitz (außer Landarbeiter)
9. Landarbeiter
10. Sonstige und unbestimmt

Diese sozialen Schichten sind natürlich vor dem Hintergrund der 1950er Jahre zu betrachten, Akademiker etwa würden heute sicher nicht mehr so ohne weiteres zur Oberschicht gezählt werden. Für bestimmte Fragestellungen werden die Sozialschichten auch zusammengefaßt, so 1 und 2 zur Oberschicht, 3 bis 5 zur Mittelschicht und 6 bis 9 zur Unterschicht.

Da die Sozialanthropologie nicht Gegenstand meiner damaligen Prüfungsarbeit war und ich ihren Fragestellungen bei der Datenauswertung nur aus persönlichem Interesse nachging, liegen mir die Ergebnisse nicht so vollständig wie bei der geographischen Auswertung vor. Für einen sozialanthroplogischen Überblick reichen sie aber völlig aus.

Unterschiede im Entwicklungsstand (dem Reifegrad) zwischen den sozialen Schichten können auf bessere oder schlechtere Umweltbedingungen hinweisen. Tatsächlich besteht ein Gefälle des Entwicklungsstands von den schon weiter entwickelten Kindern aus den oberen Sozialschichten zu den noch nicht so weit entwickelten aus den unteren Schichten (Tabelle 16). Einzig die Bauernkinder

Bilder 14 a und 14 b.
Sozialanthropologische Unterschiede. Stenotypistinnen (oben) und Arbeiterinnen (unten) aus Breslau. Die beiden Gruppen lassen sich im Blindversuch zu 90 Prozent richtig zuordnen. (Dröher 1953)

machen beim Entwicklungsstand eine Ausnahme, als vergleichsweise Spätentwickler. Je stärker die verschiedenen Merkmale mit dem Entwicklungsstand korreliert sind (Tabelle 1), desto mehr kommen in ihnen die sozialen Umwelteinflüsse zum Ausdruck. Merkmale mit einer mittleren bis starken Korrelation zum Entwicklungsstand sind die Körperhöhe (r = 0,71) und die Gesichtshöhe (0,50). Mittlere bis schwache Korrelationen haben die Jochbogenbreite (0,31) und die Kopflänge (0,30). Nur schwach bis nicht vorhanden ist die Korrelation des Gesichtsindex (0,22), der Kopfbreite, des Längenbreitenindex (0,11), des Rohrer-Index – einem Maß der Körperfülle, errechnet aus dem Gewicht und der Körperhöhe –, des Nasenindex und besonders der morphognostisch-physiognomischen Merkmale zum Entwicklungsstand. Unterschiede bei diesen Merkmalen verweisen auf genetische Unterschiede.

Der Vergleich der anthropologischen Mittelwerte und Häufigkeiten der verschiedenen sozialen Schichten (vor der Flucht) zeigt für gut die Hälfte der Merkmale eindeutige soziale Differenzierungen (Tabellen 16 und 18-20). So besteht ein eindeutiges soziales Gefälle bei der Schulleistung, der Körperhöhe, dem Rohrer-Index und der Kopflänge. Die Oberschichten sind also auch in unserem Material hoch- und schlankwüchsiger als die unteren Schichten. Ein ebenso durchgehendes soziales Gefälle besteht beim Längenbreitenindex des Kopfes. Die soziale Oberschicht (Schichten 1 und 2) hat hochsignifikant häufiger eine leptosome Körpergestalt und höchstsignifikant häufiger eine lang-ovale Gesichtsform. Sie weist auch nach der Kopfbreite und dem Gesichtsindex höchstsignifikant (alpha < 0,001) schmalere Köpfe und Gesichter auf. Ein eindeutiger Unterschied besteht auch bei der Stellung der Jochbögen, die in den unteren Schichten häufiger frontal betont sind, am meisten bei den Landarbeitern. Auch neigen die oberen Schichten zu tiefliegenderen Augen als die unteren. Die relative Gesichtsgröße, ein Maß für die Grazilität des Gesichtes (Gesichtshöhe + Jochbogenbreite : Kopflänge + Kopfbreite), ist in der obersten Schicht am kleinsten und in den unteren am größten, d.h.

die sozial gehobenen Schulkinder haben einen relativ größeren Hirnschädel im Vergleich zum Gesichtsschädel.

Leider fehlen in unserem Material die sozialanthropologischen Daten über die Farbmerkmale. Mir liegt aber ein anthropologisches Schulkinder-Material aus dem Regierungsbezirk Osnabrück vor, das auch die sozialen Schichten und die Vertriebenen berücksichtig.[37] Es stammt aus der niedersächsischen Schulkinderuntersuchung Karl Valentin Müllers von 1946 (Tabelle 17).[38]

Man kann davon ausgehen, daß sich die dortigen Verhältnisse bei den Vertriebenen von denen in Westfalen nicht grundsätzlich unterscheiden. Sie zeigen bei der Augenfarbe am meisten blaue aber auch am meisten dunkelbraune Augen in der Oberschicht, während sich die grau-blauen, graugrünen und hellbraunen Augen in der Unterschicht häufen. Bei der Haarfarbe gibt es in der Oberschicht etwas mehr Dunkelhaarige, aber auch recht viele Blonde. Die meisten Blonden finden sich in der Mittelschicht und der gehobenen Grundschicht. Alles in allem sind die Unterschiede nicht groß. Die teilweise Häufung von dunkler Pigmentierten in der Oberschicht mag auf deren größerer Mobilität und teilweiser Herkunft aus entfernteren Gebieten sowie ihrer größeren überregionalen Durchmischung beruhen. Da die dunklen Farben genetisch tendenziell dominant über die hellen sind, häufen sie sich in exogamen Populationen, während die hellen Farben sich in ländlichen Bevölkerungen mit wenig Heiratskontakten nach außen besser erhalten. Da sowohl der nordide und fälische als auch der osteuropide Typus hellpigmentiert sind, schlägt sich der slawisch-deutsche Gegensatz bei den Farbmerkmalen nicht nieder. Es besteht allenfalls eine leichte Tendenz zu mehr grauen und hellmelierten Augen bei den Osteuropiden.

Die gefundenen sozialen Unterschiede bei unseren ostdeutschen Kindern gehen über die aus anderen Untersuchungen bekannten hinaus. Das gilt zum Beispiel für das soziale Gefälle beim Längenbreitenindex des Kopfes, der Lage des Augapfels und der Stellung der Joch-

---

37 Nothdurft 1980

38 Müller 1949 und 1951

bögen. Sie weisen darauf hin, daß neben der größeren Reife und Schlankwüchsigkeit auch ethnische Unterschiede eine Rolle spielen, die oberen Schichten mehr nordide und die unteren mehr osteuropide Typen aufweisen. Das wird durch den direkten Vergleich der Typen in den Sozialschichten bestätigt (Tabelle 21), wo die Nordiden in der sozialen Oberschicht (Sozialschichten 1 und 2) höchstsignifikant (alpha < 0.001) häufiger vorkommen und wo sich in den beiden untersten Schichten der ungelernten Arbeiter und Landarbeiter die Osteuropiden hochsignifkant (alpha < 0.01) häufiger finden als in den anderen Schichten.

Einen Schritt in Richtung einer Erklärung der sozialen Unterschiede macht man, wenn man den sozialen Trend berücksichtigt. Dafür wurde bei der Datenerhebung der Beruf des Vaters mit dem des Großvaters verglichen. Auf diese Weisen kann man die Kinder der sozialen Aufsteiger mit denen der sozial Gleichbleibenden und denen der sozial Abgestiegenen vergleichen.

Die anthropologischen Beziehungen des sozialen Trends (Tabelle 22) habe ich damals nur für die Knaben berechnet, weshalb die Individuenzahlen entsprechend geringer sind. Das erklärt, weshalb der in der Tabelle deutlich höhere Entwicklungsstand der sozialen Aufsteiger nicht das Signifikanzniveau erreicht. Die Aufsteiger unterscheiden sich von den anderen Kindern durch eine größere Körperhöhe, und zwar auch, wenn aus dieser der Reifungsunterschied herausgerechnet wurde (korrigierte Körperhöhe), was auf 5%-Niveau signifikant ist, durch eine größere Kopflänge und einen hochsignifikant niedrigeren Längenbreitenindex. Die sozial Abgestiegenen haben nach der Tabelle im Mittel etwas breitere Nasen, ein schwächeres Kinn und eine flachere Augenpartie. Bei der Verteilung der Typen (Tabelle 23) zeigen die sozialen Aufsteiger mit 21,1 Prozent mehr Nordide als die Gleichbleibenden (18 Prozent) und die Absteiger (16,9 Prozent), was aber nicht das Signifikanzniveau erreicht. Dafür ist mit 4,4 Prozent der geringere Anteil der Osteuropiden bei den sozialen Aufsteigern im Vergleich zu den beiden anderen Gruppen (8,4 und 8,9 Prozent) hochsignifikant (alpha < 0,01).

Leider habe ich vor 20 Jahren nicht die Schulbegabung für die verschiedenen sozialen Trendgruppen berechnet. Eine Vorstellung von den Unterschieden dürften aber die Schüler aus dem Regierungsbezirk Münster geben, die ebenfalls im Rahmen der Westfalen-Untersuchung untersucht worden sind (Einheimische und Vertriebene, n= 6 544). Danach weisen die Kinder aus der Oberschicht, deren Großvater schon zur Oberschicht gehörte, mit 2,1 durchschnittlich die beste Schulbegabung auf. Die Kinder von aus der Mittelschicht in die Oberschicht aufgestiegenen Eltern besitzen eine von 2,4 und die in die Mittelschicht abgesunkener Eltern eine von 2,6. Kinder von Eltern, die direkt aus der Unterschicht in die Oberschicht aufgestiegen sind, folgen mit 2,8. Die Mittelschichtkinder, deren Großvater schon zur Mittelschicht gehörte, haben eine Schulbegabung von 3,3. Sie werden von denen, deren Eltern aus der Unterschicht in die Mittelschicht aufgestiegen, mit 3,1 übertroffen. Die Unterschichtkinder, deren Großvater schon der Unterschicht angehörte, haben eine durchschnittliche Schulbegabung von 3,9. Die Kinder, deren Eltern aus der Oberschicht in die Unterschicht abgesunken sind, eine von 3,3, und diejenigen, deren Großvater noch zur Mittelschicht gehörte, eine von 3,8.[39] Es besteht also ein deutlicher Zusammenhang von sozialem Auf- und Abstieg mit der Schulbegabung der Schulkinder.

---

39 Walter in Schwidetzky und Walter 1958. Bei Walter sind nur die Prozentzahlen für verschiedenen Begabungsklassen angegeben und die Begabungsklassen für 1 und 2 und 5 und 6 jeweils zusammengefaßt. Da ich beim Berechnen der Mittelwerte die beiden zusammengefaßten Klassen mit 2 bzw. mit 5 gewichtete, wurden die extremen Werte 1 und 6 wie 2 und 5 gewertet. Das heißt, die wirklichen Mittelwerte liegen noch etwas weiter nach oben und nach unten auseinander, als die errechneten.

Beziehungen zwischen körperlichen Merkmalen und der Schulbegabung

Einen weiteren Schritt in der sozialanthropologischen Analyse macht man, wenn man die Merkmale auf ihre Beziehung zur Schulbegabung prüft. Die Schulbegabung wurde in der Westfalen-Untersuchung nach dem Lehrerurteil bestimmt, wobei analog zu den Schulnoten sechs Stufen unterschieden wurden.

1. sehr gut begabt (auf jeden Fall für die Oberschule geeignet)
2. gutbegabt (überdurchschnittlich, aber nur gerade noch für die Oberschule geeignet)
3. mittelbegabt (den Anforderungen der Volksschule genügend)
4. schwachbegabt (kann nur mit Mühe das Volksschullernziel erreichen)
5. minderbegabt (kann die Volksschule nur mit Verspätung durchlaufen)
6. hilfsschulbedürftig

Die genetische Heritabilität der Schulleistung beträgt nach den Befunden aus Zwillingsuntersuchungen mehr als 60 Prozent.[40]Leider habe ich, als ich das Vertriebenenmaterial auswertete, nicht die Beziehungen der Merkmale zur Schulbegabung berechnet. Glücklicherweise liegen für einen Teil des Materials trotzdem entsprechende Daten vor. Ilse Schwidetzky hat 1958 für die Schulkinder aus dem Regierungsbezirk Münster die anthropologischen Beziehungen der Schulbegabung untersucht, wobei sie bei mehreren Merkmalen zwischen einheimischen Westfalen und den Heimatvertriebenen – also unseren Schulkindern – unterschieden hat.[41] Ihre Ergebnisse zeigen, daß eine positive Beziehung zwischen Schulbegabung auf der einen Seite und Reifegrad und Körperhöhe auf der anderen besteht. Auch bei der Körper-

---

40 Tambs, Sundet et al. 1989, Kovas, Harlaar et al. 2005, Haworth, Kovas et al. 2008, Shakeshaft, Trzaskowski et al. 2013, Krapohl, Rimfeld et al. 2014

41 Schwidetzky 1958

Bild 15: Durchschnittsbilder (übereinanderkopierte Fotografien) von jeweils 15 Abiturienten (links) und Hilfsarbeitern (rechts) aus Schleswig-Holstein (Jürgens 1971)

konstitution besteht ein Zusammenhang, sind die besser Begabten häufiger leptosom und die schlechter Begabten häufiger pyknisch. Gesichtsindex und Nasenindex zeigen eine schwache Tendenz zu schmaleren Formen bei den Besserbegabten, was sich nach Schwidetzky aber völlig aus den Reifungsunterschieden erklärt. Keine Beziehungen zur Schulbegabung weisen dagegen der Längenbreitenindex des Kopfes und die verschiedenen morphognostisch-physiognomischen Merkmale auf.

Für die Konstitutionstypen und die Rassentypen in der Felddiagnose konnte ich die Beziehungen zur Schulbegabung wieder aus meinem Material selbst berechnen (Tabellen 24 und 25). Unter den Konstitutionstypen haben danach die beste Schulbegabung die leptosom-athletischen Mischtypen, besser noch als die rein Leptosomen, eine mittlere Schulbegabung die athletischen und pyknischen Typen und die schlechteste die Astheniker, was auf Unterentwicklung verweist. Astheniker sind noch schmaler, hagerer und muskelärmer als die Leptosomen. Der Unterschied zwischen den Leptosom-athletischen Typen und den Pyknikern ist auf 0,1%-Niveau höchstsignifikant.

Von den Rassentypen weisen mit durchschnittlich 2,71 die Nordiden die beste Schulbegabung auf, gefolgt von den typologisch Unbestimmbaren mit 2,75 und den Fälischen mit 2,77. Im Mittelfeld liegen die Alpinen mit 2,90. Das schlechteste Ergebnis weisen die Osteuropiden mit 3,10 auf (wenn man von den wenigen Dinariden absieht). Auch der Unterschied der Schulbegabung zwischen Nordiden und Osteuropiden ist auf 0,1 Prozent-Niveau (alpha < 0,001) höchstsignifikant. Als ich Frau Schwidetzky davon berichtete, meinte sie, *„dann ist da also doch was dran.“*

In der schrittweisen Analyse von den sozialen Schichten über die sozialen Auf- und Absteiger bis zu den Korrelationen der anthropologischen Merkmale zur Schulbegabung sind die ethnisch-rassischen Merkmale wie die Stellung der Jochbögen und die Stellung der Lidspalte immer mehr in den Hintergrund getreten, während sich an der Bedeutung der Körperhöhe und des Konstitutionstypus nichts änderte. Das heißt, wie in anderen Bevölkerungen auch, findet sich bei den Ostdeutschen der sozialanthropologische Vorteil der Großen und Schmalwüchsigen, während die Unterschiede bei den ethnisch-rassischen Merkmalen weniger auf Begabungsunterschieden beruhen, als auf einer historisch entstandenen ethnischen Schichtung. Die deutschen Kolonisten überschichteten die vordeutsche Bevölkerung, der Adel, die Ritter, die Bürger, die Gutsherren und die freien Bauern waren überwiegend deutscher, die Kleinbauern und Landarbeiter slawischer und baltischer Herkunft. Diese Unterschiede hatten sich offenbar bis 1945 noch nicht völlig durch die soziale Mobilität ausgeglichen.

Allerdings fehlen ethnische-rassische Begabungsunterschiede in der anthropologischen Struktur der ehemaligen ostdeutschen Bevölkerung auch nicht völlig, wie der signifikante Unterschied der Nordiden und Osteuropiden zeigt.

Vergleich der sozialanthropologischen Befunde mit dem Ruhrgebiet und Westfalen

Hubert Walter hat die sozialanthropologischen Daten der Westfalen-Untersuchung für die einheimische Bevölkerung (ohne Vertriebene) des Ruhrgebietes und des übrigen Westfalen ausgewertet.[42] Er fand dabei in der Ruhrbevölkerung praktisch dieselben sozialanthropologischen Differenzierungen wie ich bei den ostdeutschen Schulkindern. Nicht nur den Reifungsvorsprung, die größere Körperhöhe und Schmalwüchsigkeit der höheren Sozialschichten, sondern auch die Häufung osteuropider Merkmale in den unteren Schichten, wie weniger schmale Gesichter, mehr betonte Jochbögen, schräge Lidspalten oder flache Augenpartien. Er fand dabei beim Vergleich der sozialen Auf- und Abstiegsgruppen dieselbe Tendenz zur Erhaltung der sozialen Unterschiede wie ich bei den Ostdeutschen, insbesondere mehr Nordide bei den sozialen Aufsteigern und mehr Osteuropide in der sozialen Abstiegsgruppe.

Die deutlichen sozialen Schichtunterschiede in der Ruhrbevölkerung erklären sich aus dem starken Zuzug von meist ungelernten Arbeitern aus den ostdeutschen und teilweise polnischen Gebieten im Osten Deutschlands vor dem Ersten Weltkrieg. Dieser oststämmige Bevölkerungsteil stammte aus den unteren Schichten der ostdeutschen Bevölkerung, die besserbegabten Sozialschichten fehlten in ihr. Bemerkenswert ist, daß Walter innerhalb der Gruppe der Oststämmigen, also der schon vor den Weltkriegen Zugezogenen, die gleichen sozialen Differenzierungen fand.

Auch bei der Auswertung der Daten der übrigen einheimischen Westfalen außerhalb des Ruhrgebietes fand Walter die gleichen sozialanthropologischen Differenzierungen wie in der Ruhrbevölkerung, allerdings schwächer ausgeprägt. Insbesondere fehlte ein klarer Trend bei den osteuropiden Leitmerkmalen Stellung der Lidspalte und Stel-

42 Walter 1962, Schwidetzky und Walter 1967

lung der Jochbögen. Der typologische Unterschied zwischen Nordiden und Osteuropiden besteht aber auch hier. Walter sieht darin ebenfalls den Einfluß von Zuzug vor allem aus dem Osten, der nicht nur auf das Ruhrgebiet beschränkt war. Bei der Auswertung der Daten nur der a l t einheimischen Westfalen (nach Geburtsort der Großeltern) fand Walter allerdings nur den sozialen Körperhöhen-Unterschied, bei allen anderen Merkmalen einschließlich des Rohrer-Index, insbesondere aber den physiognomischen Merkmalen des Gesichts, war kein soziales Gefälle zu erkennen. Dabei dürfte sicher aber auch die geringere Individuenzahl der Alteinheimischen im Vergleich mit den nur „einheimischen" Westfalen (nach Geburtsort der Eltern) eine Rolle spielen.

Meine Ergebnisse von den westfälischen Vertriebenen zeigen nun, daß dieselben sozialanthropologischen Unterschiede, die Walter in der Ruhrbevölkerung fand, bereits in der gesamten ostdeutschen Bevölkerung vorhanden gewesen sind und nicht erst das Ergebnis einer selektiven Abwanderung der unteren Schichten sind. Insbesondere bestand der Begabungsunterschied zwischen Nordiden und Osteuropiden bereits in dieser.

Ostelbischer Adel

Unter den 4 960 westfälischen Vertriebenen fand ich 19 Schulkinder mit adeligem Familiennamen. Darunter alte preussische oder baltendeutsche Namen wie v. Schichau, v. Saldern, v. Ditfurth oder v. d. Osten-Sacken, aber auch acht aus offensichtlich geadelten Familien, wie von Bauer, von Beck oder von Müller. Von den 19 Adeligen gehören nach dem Beruf des Vaters (vor der Flucht) zehn der Oberschicht, zwei der gehobenen Mittelschicht, drei der unteren Mittelschicht (unselbständige nichtbäuerliche Mittelschicht) und einer der oberen Unterschicht (gelernter Arbeiter ohne Besitz) an. Drei waren sozial nicht einzuordnen. Nur drei der Adeligen sind nach den Kriterien dieser Untersuchung altansässig, bei den anderen kommen die Großeltern aus verschiedenen Regionen. Allein ein Viertel der Großeltern stammt aus dem Baltikum, 43 Prozent aus dem übrigen Untersuchungsgebiet, immerhin 19 Prozent aus Westdeutschland und 12 Prozent sind in verschiedenen europäischen Großstädten geboren, was sicher mehr über den Lebensstil des Adels als über seine Herkunft aussagt.

Der Entwicklungsstand der adeligen Kinder entspricht dem der selbständigen Mittelschicht, liegt also unter dem der Oberschicht und der gehobenen Mittelschicht. Dasselbe gilt für ihre Körperhöhe. Die Schulbegabung der Adeligen liegt mit 1,79 zwischen der Oberschicht und der gehobenen Mittelschicht, entspricht also der sozialen Stellung der adeligen Schulkinder. Die acht Kinder aus geadelten Familien liegen mit einer Schulbegabung von 1,87 nicht über dem adeligen Durchschnitt.

Bei vielen sozial progressiven anthropologischen Merkmalen – also solchen, die für die Oberschicht charakteristisch sind – nehmen die Adeligen eine Extremposition ein, bei der sie die soziale Oberschicht (nach Beruf des Vaters) noch deutlich übertreffen (Tabellen 26 und 27). Das gilt für die Kopflänge, die ausgesprochen geringe Kopfbreite und Jochbogenbreite, den Längenbreitenindex von 77,3, den

Gesichtsindex, der mit 87,7 zwei Einheiten über dem der Oberschicht liegt (schmale Gesichter), dem Nasenindex (schmale Nasen) , der Hinterhauptswölbung, der Lage des Augapfels (tiefliegende Augen) und der häufig lang-ovalen Gesichtsform. Bei der Kopfbreite, der Jochbogenbreite und dem Längenbreitenindex ist der Unterschied zur Oberschicht höchstsignifikant. Der Adel zeichnet sich also durch ausgesprochen schmale Kopf- und Gesichtsproportionen aus. Die Körperkonstitution, bei einem Rohrer-Index, der der Oberschicht entspricht, ist jedoch nicht etwa leptosom, sondern ausgesprochen athletisch. Rassentypologisch überwiegen Nordide und Fälische, Osteuropide oder Alpine fehlen. Auch die niedrigen Werte für die Stellung der Lidspalte und die Stellung der Jochbögen zeigen das Fehlen eines osteuropiden Einschlags.

Im Vergleich mit der gesamten nichtadeligen Bevölkerung lassen sich noch mehr Unterschiede statistisch sichern. Der Unterschied in der Schulbegabung zwischen den adeligen (1,79) und den nicht adeligen Kindern beträgt eine Standardabweichung (M 2,79, s 1,07). Der Unterschied in der Körperhöhe von 2 cm erreicht zwar nicht statistische Signifikanz, dafür sind aber die größere Kopflänge, die schmalere Kopfbreite und Jochbogenbreite, der niedrigere Längenbreitenindex und der höhere Gesichtsindex hoch signifikant. Bei den morphognostischen Merkmalen ist die größere Häufigkeit des schmalovalen Gesichts und des gewölbten Hinterhaupts der adeligen Kinder statistisch gesichert. Berücksichtigt man zusätzlich ein großzügigeres Signifikanzniveau von 10%, sind auch die tiefliegenderen Augen und der häufiger nordide Typus im weiteren Sinne (Teutonordide und Fälische) der Adeligen gesichert. Bemerkenswert ist der höchstsignifikant häufigere athletische Konstitutionstypus der Adeligen, während ja sonst in unserem Material und nach der Literatur auch anderorts die Oberschicht mehr zum leptosomen Konstitutionstypus neigt.

Diese die aktuelle Oberschicht übertreffenden sozialanthropologischen Eigenschaften des Adels lassen sich wohl am ehesten auf eine über sehr lange Zeiträume gehende soziale Siebung zurückführen, wobei neben der allgemeinen kognitiven Begabung die Kriegstüchtigkeit und die körperliche Wohlgestalt (Gattenwahl) eine Rolle spielten. Wer dem Ideal entsprach, hatte größere Chancen hohe Ämter einzunehmen, geheiratet oder geadelt zu werden und sich zahlreich fortzupflanzen. Untüchtige Adelige, wie etwa unter den Rittergutsbesitzern im Osten, stiegen zu einfachen Bauern ab. In dem Vorwiegen des athletischen Typus können wir womöglich eine Folge der Siebung auf Kriegstüchtigkeit sehen, die besonders den preussischen Adel betraf. Die Ergebnisse unserer Studie zeigen, dass es sich bei dem ostdeutschen Adel um eine wirkliche Elite im biologischen Sinn handelt.

Der preussische König Friedrich II. (1740-1786), genannt der Große, betrieb eine bewußte Adelsschutzpolitik, in der er zum Beispiel den Aufkauf adeliger Güter durch Bürgerliche verbot. Er begründete dies mit der militärischen Bedeutung des Adels, *„deßen Söhne das Landt defendieren und die Race davon so guht ist, das sie auf alle Art meritieret, conservieret zu werden.“* [43]

Der König wußte, was er an seinem Adel hatte.

---

[43] Borchardt 1937, S. 13

Schluß

Die Auswertung der anthropologischen Daten der westfälischen Vertriebenen vermittelt uns ein Bild von der Verteilung der anthropologischen Merkmale und Typen in dem früheren Osten Deutschlands, über die wir mit Ausnahme von Schlesien bisher nichts wußten. Sie ergänzt auf diese Weise unser Wissen über die Herkunft der ostdeutschen Bevölkerung, das bisher fast völlig auf sprachwissenschaftlichen und historischen Quellen beruhte. Die Auswertung der sozialanthropologischen Befunde bestätigt und ergänzt außerdem unser Wissen über soziale Differenzierungen und Siebungsvorgänge in Deutschland. Erstmals wurden dabei auch anthropologische Daten über den Adel vorgelegt.

Alles in allem zeigen in unserer Untersuchung die anthropologischen Karten und die Korrelationen der Merkmale zu Familiennamen, Konfession und sozialer Schicht, wie die Geschichte die Regionen und die Menschen in ihnen prägt. Regionale Unterschiede der Besiedlungsgeschichte, ethnische Über- und Unterschichtungsvorgänge, soziale Siebungsprozesse beim sozialen Auf- und Abstieg, bei der Land-Stadt-Wanderung oder anderen Änderungen des sozialen Gefüges, schlagen sich im sichtbaren wie nicht sichtbaren, psychologischen und genetischen Merkmalsbild von Bevölkerungen nieder. Wir alle, mit unserer leiblichen Gestalt und unserem psychologischem Potential, sind das Ergebnis einer jeweils ganz bestimmten Familiengeschichte, die Teil der biologischen Geschichte unseres Volkes ist. Auf diese Weise kann auch die Anthropologie einen Beitrag zu unserer historischen Identität leisten.

Literatur:

Ammon, Otto: Zur Anthropologie der Badener, Jena 1899

Aubin, Hermann, Franz Petri, Herbert Schlenger, Peter Schöller: Vorwort. In: Ilse Schwidetzky, Hubert Walter: Untersuchungen zur anthropologischen Gliederung Westfalens. Der Raum Westfalen. Bd. V/1, Münster 1967, XIII-XVI

Bahlow, Hans: Deutsches Namenlexikon. Familien- und Vornamen nach Ursprung und Sinn erklärt. Neuausgabe Bindlach 1992

Bartsch, L.: Von preußischen Familien im Samland. In: Preußenland 7, 1969, 33-38

Bernhard, Wolfram: Psychische Korrelate der Augen- und Haarfarbe und ihre Bedeutung für die Sozialanthropologie. In: Homo 16, 1965, 1-31

Bernhard, Wolfram: Die Bedeutung psychophysischer Zusammenhänge für die Sozialanthropologie. In: Infans Cerebropathicus 4, 1980, 5-31

Bernhard, Wolfram: Ethnische Anthropologie von Afghanistan, Pakistan und Kashmir. Stuttgart 1991

Borchardt, Georg: Herrschen und Dienen. Die Randbemerkungen Friedrich des Großen zweiter Teil. Potsdam 1937

Bormann, Felix von, Susanne Pauly: Grazilisierung als orthogenetischer Vorgang. In: Bericht über die 9. Tagung der Deutschen Gesellschaft für Anthropologie in Freiburg i. Br. 1965, Göttingen 1967, 143-149

Demel, Walter, Sylvia Schraut: Der deutsche Adel. Lebensformen und Geschichte. München 2014

Dröher, Elsbeth: Zur Typologie weiblicher Berufsgruppen. (Anthropologische Untersuchungen von Stenotypistinnen, Arbeiterinnen und Bäuerinnen). In: Homo 4, 1953, S. 107-122

Dralle, Lothar: Die Deutschen in Ostmittel- und Osteuropa. Ein Jahrtausend europäischer Geschichte. Darmstadt 1991

Eickstedt, Egon v.: Rassenkunde und Rassengeschichte der Menschheit. Stuttgart 1934

Eickstedt, Egon v. (Hg.): Bevölkerungsbiologie der Großstadt. Stuttgart 1941.

Fischer, Eugen, Karl Saller: Eine neue Haarfarbentafel. Anthropologischer Anzeiger 5, 1928, S. 238-244

Franz, Walther: Ost- und westpreußische Familiennamen. In: Altpreußische Geschlechterkunde 16/17, 1942/43, 5-22

Gunia, M.: Fremdsprachige Familiennamen. In: Lehrerzeitung für Ost- und Westpreußen 62, 1932, 49-51, 74-75, 137-138 u. 160-162

Harmjanz, Heinrich: Volkskunde und Siedlungsgeschichte Altpreussens, 2. Aufl. Berlin 1942

Haworth C.M.A., Yulia Kovas, Philip S. Dale, Robert Plomin: Science in elementary school: Generalist genes and school environments. In: Intelligence 36, 2008, 694-701

Higounet, Charles: Die deutsche Ostsiedlung im Mittelalter. München 1990

Hoese, Alexander, Hermann Eichert: Die Salzburger. Kurze Geschichte und namentliches Verzeichnis der im Jahre 1732 in Litauen eingewanderten Salzburger. Gumbinnen 1932

Jürgens, Hans W.: Die populationsgenetische Bedeutung des Bildungswesens. In: Bericht über die 8. Tagung der Deutschen Gesellschaft für Anthropologie in Köln am 12.-14. Dezember 1963. Göttingen 1965, 182-191

Jürgens, Hans W.: Der Sozialtypus. Ein Beitrag zu seiner anthropologischen Begriffsbestimmung. In: Hans W. Jürgens, Christian Vogel: Beiträge zur menschlichen Typenkunde. Stuttgart 1965, 159-248

Jürgens, Hans W.: Phänotyp und soziale Umwelt. In: Naturwissenschaft und Medizin 8, 1971, S. 43-50

Kayser, Manfred, Oscar Lao, Katja Anslinger u. a.: Significant genetic differantiation between Poland and Germany follows present day political borders, as revealed by Y-chromosome analysis. In: Human Genetics 117 (2005), 428–443

Kenkel, Horst: Familiennamen im nördlichen Ostpreußen. Herkunft, Wandel und Wechsel. In: Alt-preußische Geschlechterkunde, N F 19, 1971, 317-323

Kessler, Gerhard: Die Familiennamen der ostpreußischen Salzburger. Königsberg i. Pr. 1937

Keyser, Erich: Bevölkerungsgeschichte Deutschlands, 3. Aufl. Leipzig 1943

Kiener, F., E. Keiper: Einige Zusammenhänge zwischen physiognomischen Merkmalen und Intelligenz. In: Homo 28, 1977, 40-45

Knussmann, Rainer: Vergleichende Biologie des Menschen. Lehrbuch der Anthropologie und Humangenetik. 2., völlig neu bearbeitete Auflage Stuttgart 1996

Kötzschke, Rudolf, Wolfgang Ebert: Geschichte der ostdeutschen Kolonisation. Leipzig 1937

Kovas, Yulia, Nicole Harlaar, Stephen Petrill, Robert Plomin: ‚Generalist genes' and mathematics in 7-year-old twins. In: Intelligence 33, 2005, 473-489

Kozeny, Erik D.: Experimentelle Ergebnisse über den Zusammenhang zwischen Intelligenz und Gesichtsform in ihrer Beziehung zum Grazilisierungsproblem. In: Homo 19, 1968, 27-38

Krallert, Wilfried (unter Mitarbeit von Walter Kuhn u. Ernst Schwarz): Atlas zur Geschichte der deutschen Ostsiedlung. Bielefeld 1958

Krapohl Eva., Kaili Rimfeld, (…) Robert Plomin. 2014: The high heritability of educational achievement reflects many genetically influenced traits, not just intelligence. In: Proceedings of the National Academy of Science of the USA 111, 2014, 15273-15278

Kretschmer, Ernst: Körperbau und Charakter. Untersuchungen zum Konstitutionsproblem und zur Lehre von den Temperamenten. 26. Auflage Berlin 1977

Krüger, Bruno: Die Kietzsiedlungen im nördlichen Mitteleuropa. Berlin 1962

Kuhn, Walter: Die Siedlerzahlen der deutschen Ostsiedlung. In: Karl Gustav Specht (Hg.): Studium soziale. Ergebnisse sozialwissenschaftlicher Forschung der Gegenwart. Festschrift Karl Valentin Müller. Köln 1963, 131-154

Kuhn, Walter: Wanderung und Entstehung der Völker. In: Viktor Aschenbrenner, Walter Kuhn, Eugen Lemberg (Hg.): Die Deutschen und ihre östlichen Nachbarn. Ein Handbuch. Frankfurt a.M. 1967, 30-39

Kuhn, Walter: Die deutsche Ostsiedlung. In: Viktor Aschenbrenner, Walter Kuhn, Eugen Lemberg E (Hg.): Die Deutschen und ihre östlichen Nachbarn. Ein Handbuch. Frankfurt a.M. 1967, 40-66

Ludat, Herbert: Die ostdeutschen Kietze. Bernburg 1936

Martin, Rudolf. (1928). Lehrbuch der Anthropologie in systematischer Darstellung. Mit besonderer Berücksichtigung der anthropologischen Methoden. 2. Auflage Jena 1928

Mechow, Max: Prussische Namen als deutsche Familiennamen. In: Altpreußische Geschlechterkunde N F 8, 1975, 313-351

Müller, Karl Valentin: Gesetzmäßigkeiten bei Wandlungen von sozialanthropologischem Gefüge von rassisch nahestehenden Nachbarvölkern durch Umvolkungsvorgänge. In: Archiv für Rassen- und Gesellschaftsbiologie 31, 1937, S. 326-347

Müller, Karl Valentin: Bericht über die Begabtenuntersuchung Niedersachsens. In: Homo 1, 1949, 136-142

Müller, Karl Valentin: Volksbiologische Beziehungen zwischen Tschechen und Deutschen. In: Helmut Preidel (Hg.): Die Deutschen in Böhmen und Mähren. Ein kritischer Rückblick. Gräfeling bei München 1950, 291-303

Müller, Karl Valentin: Die Begabung in der sozialen Wirklichkeit. Ergebnisse der begabungs-soziologischen Erhebung in Niedersachsen auf Grund der Auszählung im Reg.-Bez. Hannover. Göttingen 1951

Müller, Karl Valentin, Ilse Schwidetzky: Pigmentation, Begabung und soziales Verhalten. In: Homo 16, 1965, 32-44

Neyer, Franz J., Jens B. Asendorpf: Psychologie der Persönlichkeit. 6., vollständig überarbeitete Auflage, Berlin 2018

Nothdurft, Ingrid: Wachstums- und sozialanthropologische Untersuchungen an Kindern der Kriegs- und Nachkriegszeit. Dipl.-Arbeit Mainz 1980

Rösing, Friedrich Wilhelm: Quebbet el Hawa und Elephantine. Zur Bevölkerungsgeschichte von Ägypten. Stuttgart 1990

Rösing, Friedrich Wilhelm, Eike-Meinrad Winkler: Zur Paradigmengeschichte der Taxonomie: Von Bernier über Eickstedt zu Hiernaux. In: Homo 43, 1992, 29-42

Rushton, J. Philippe: Rasse, Evolution und Verhalten. Eine Theorie der Entwicklungsgeschichte. Graz 2005

Schaede: Blutgruppenuntersuchungen in Ostpreußen. In: Zeitschrift für Rassenphysiologie 1, 1929, 151-153

Schaeuble, Johann: Zur geographischen und sozialen Verteilung einiger anthropologischer Körpermerkmale in Freiburg (Breisgau) und Umkreis. In: Zeitschrift für Morphologie und Anthropologie 46, 1954, 57-103

Schröter, Peter: Eine Lanze für die Kraniotypologie. In: Peter Fasold (Hg.): Das römisch-norische Gräberfeld von Seebruch-Bedaium. Kallmünz/Opf. 1993, 128-133

Schultz, Bruno K.: Eine verbesserte Augenfarbentafel. Anthropologischer Anzeiger 6, 1929, S. 331-335

Schumacher, Bruno: Geschichte Ost- und Westpreußens. 6. Aufl. Würzburg 1977

Schwarz, Ernst: Probleme der mittelalterlichen deutschen Ostwanderung. In: Zeitschrift für Rassenkunde 3, 1936, 129-136

Schwidetzky, Ilse: Die Rassenforschung in Polen. In: Zeitschrift für Rassenkunde 1, 1935, 76-83, 136-204 u. 289-314

Schwidetzky, Ilse: Anthropologie und Geschichtswissenschaft. In: Zeitschrift für Rassenkunde 4, 1936, 268-285

Schwidetzky, Ilse: Soziale Siebung in Oberschlesien. In: Zeitschrift für Rassenkunde 8, 1938, 167–192

Schwidetzky, Ilse: Neue Merkmalskarten von Mitteleuropa. In: Zeitschrift für Rassenkunde 14, 1943, 1-30

Schwidetzky Ilse: Typensysteme als heuristische Methode. In: Homo 1, 1950, 149-154

Schwidetzky, Ilse: Grundzüge der Völkerbiologie. Stuttgart 1950

Schwidetzky, Ilse: Hauptprobleme der Anthropologie. Bevölkerungsbiologie und Evolution des Menschen. Freiburg i. Br. 1971

Schwidetzky, Ilse: Eine Typenformel für die Reifungsstufen. In: Zeitschrift für menschliche Vererbungs- und Konstitutionslehre 3, 1950, 86-90

Schwidetzky, Ilse: Der Mensch als Geschichtsquelle. In: Geschichtliche Landeskunde und Universalgeschichte. Festgabe für Hermann Aubin. Hamburg 1951, 11-23

Schwidetzky, Ilse: Rückblick auf die regionalanthropologische Untersuchung Schlesiens. In: Jahrbuch der Schlesischen Friedrich-Wilhelm-Universität in Breslau 1, Würzburg 1955, 112-132

Schwidetzky, Ilse: Schichtungsphänomene in Rassen- und Bevölkerungsbiologie. In: Studium Generale 9, 1956, 209-212

Schwidetzky, Ilse: Gibt es einen „fälischen Typus"? Bericht der 8. Tagung der Deutschen Gesellschaft für Anthropologie in Köln am 12.-14. Dezember 1963. Göttingen 1965, 202-206

Schwidetzky, Ilse: Die metrisch morphologischen Merkmale und der fälische Typus. In: Ilse Schwidetzky, Hubert Walter: Untersuchungen zur anthropologischen Gliederung Westfalens. Der Raum Westfalen, Bd. V/1. Münster 1967, 39-153

Schwidetzky, Ilse: Grundlagen der Rassensystematik. Mannheim 1974

Schwidetzky Ilse: Gespräch zwischen I. Schwidetzky und F.W. Rösing am 2. und 3. Januar 1983. Unveröffentlichtes Manuskript, 1983

Schwidetzky, Ilse: Descriptive characters of the face in population comparisons. In: Homo 42, 1992, 265-286

Schwidetzky, Ilse, Rainer Knußmann Hubert Walter: Unterschiede zwischen morphologischen und serologischen Merkmalen im Tempo der geographischen Differenzierung. In: Zeitschrift für Morphologie und Anthropologie 56, 1964, 96-105

Schwidetzky, Ilse, Hubert Walter: Untersuchungen zur anthropologischen Gliederung Westfalens. Der Raum Westfalen V/1,. Münster 1967

Schwidetzky, Ilse, Hubert Walter: Sozialanthropologische Ergebnisse. In: Ilse Schwidetzky, Hubert Walter: Untersuchungen zur anthropologischen Gliederung Westfalens. Der Raum Westfalen, Bd. V/1. Münster 1967, 154-170

Schwidetzky, Ilse, Rainer Knußmann, Wolfram Bernhard u.a.: Anthropologische Untersuchungen in Rheinland-Pfalz. In: Homo 26, 1975, 1-60

Schwidetzky, Ilse: Rassengeschichte von Deutschland. In: Dies. (Hg.): Rassengeschichte der Menschheit, 7. Lieferung, München 1979, S. 45–101

Schwidetzky, Ilse, Hubert Walter: Körperliche und soziale Beziehungen der Schulbegabung nach Untersuchungen an westfälischen 14jährigen. In: Homo 9, 1958, S. 162-203

Shakeshaft, Nicholas G., Maciej Trzaskowski, (…) Robert Plomin: Strong Genetic Influence on a UK Nationwide Test of Educational Achievement at the End of Compulsory Education at Age 16. In: PLOS ONE 8, Band 12, 2013, e 80341

Sokal, Robert R., Neal L. Oden, Barbara A. Thomson: Genetic Changes across Language Boundaries in Europe. In: American Journal of Physical Anthropology 76 (1988), 337-361

Sokal, Robert R., Neal L. Oden, Pierre Legendre u.a.: Genetic Differences among Language Families in Europe. In: American Journal of Physical Anthropology 79 (1989), 489–502

Sokal, Robert R., Neal L. Oden, Pierre Legendre u.a.: Genetics and language in European populations. In: American Naturalist 135 (1990), 157–175

Tambs Kristian, John Martin Sundet u.a. 1989: Genetic and environmental contributions to the covariance between occupational status, educational attainment, and IQ. A study in twins. In: Behavior Genetics 19, 1989, 209-222

Virchow Rudolf: Gesamtbericht über die von der deutschen anthropologischen Gesellschaft veranlaßten Erhebungen über die Farbe der Haut, der Haare und der Augen der Schulkinder in Deutschland. In: Archiv für Anthropologie 16, 1886, 275-475

Vonderach, Andreas: Anthropologischer Beitrag zur Frage der Schwarzwaldromania. Untersuchungen anhand des Materials von Otto Ammon und Johann Schaeuble. In: Alemannisches Jahrbuch 2001/2002, S. 191-255

Vonderach, Andreas, Hermann Helmuth: Untersuchungen zur Anthropologie Schleswig-Holsteins. Ulm 1996

Vonderach, Andreas: Bevölkerungsdifferenzierungen im östlichen Deutschland. Unveröffentlichte Prüfungsarbeit Ulm 1998

Vonderach, Andreas: Ethnic Anthropology of the Former East Germany (before 1945). Geographical Differentiations and Feature Correlations. In: Mankind Quarterly 47, 2006, 3-39

Vonderach, Andreas: Die anthropologische und genetische Stellung des deutschen Sprachgebietes in Europa. In: Neue Ordnung 2/2008, 31-36

Vonderach, Andreas: Anthropologie Europas. Völker, Typen und Gene vom Neandertaler bis zur Gegenwart. 2., völlig überarbeitete Auflage, Graz 2015

Vonderach, Andreas: Wie Linke meine Promotion verhinderten. In:

Sophie Liebnitz (Hg.): Repression (Arbeitstitel), Schnellroda, in Vorbereitung

Vonderach, Andreas: Sozialbiologie. Geschichte und Ergebnisse. 2., durchgesehene Auflage, Schnellroda 2017

Vonderach, Andreas: The Anthropological Features of the East German Nobility. In: Mankind Quarterly 58, 2018, 611-620

Walter, Hubert: Der Einfluß der Ostvertriebenen auf das anthropologische Merkmalsbild der Bevölkerung eines niedersächsischen Landkreises (Kreis Einbeck). In: Zeitschrift für Morphologie und Anthropologie 50, 1960, 222-232

Walter, Hubert: Sozialanthropologie der Ruhrbevölkerung. Münster i.W. 1962

Walter, Hubert: Die regionale und soziale Verteilung der Blutgruppen. In: Ilse Schwidetzky, Hubert Walter: Untersuchungen zur anthropologischen Gliederung Westfalens. Münster i.W. 1967, 171-210

Walter, Hubert: Maß- und Formmerkmale von Kopf und Gesicht. In: P.E. Becker (Hg.): Humangenetik . Ein kurzes Handbuch in fünf Bänden. Tom. I/1, G. Thieme, Stuttgart 1968, 438-479

Weise, Erich: Die alten Preußen. 2. Aufl. Elbing 1936

Winkler, Eike-Meinrad: Volk, Kultur, Ethnos, Population, Typus. Zur Methodik der „ethnischen Deutung". In: Mitteilungen der Anthropologischen Gesellschaft in Wien 113, 1983, 5-14

Winkler, Eike-Meinrad: Ethnos, Kultur, Rasse – Realität oder Fiktion? In: Erhard Oeser, Elfriede Maria Bonet (Hg.): Das Realismusproblem. Wien 1988, 270-388

Zöfel, Peter: Statistik in der Praxis. 3. Aufl. G. Fischer, Stuttgart 1992

Anhang

Liste der Tabellen

Tabellen

Tabelle 1: Korrelationen der Merkmale zum Entwicklungsstand (Schwidetzky-Index), (Knaben)

Körperhöhe	0,716 ***[1]	(s)[2]
Gewicht[3]	0,730 ***	(s)
Rohrer-Index[3]	0,092 ***	(s)
Brustumfang	0,642 ***	(s)
Kopflänge	0,309 ***	(s)
Kopfbreite	0,164 ***	(s)
Jochbogenbreite	0,361 ***	(s)
morph. Gesichtshöhe	0,507 ***	(s)
Nasenhöhe	0,361 ***	(s)
Nasenbreite	0,360 ***	(s)
Unterkieferwinkelbreite	0,320 ***	(s)
Längenreitenindex	- 0,112 ***	(s)
Gesichtsindex	0,220 ***	(s)
Nasenindex	0,030 n.s.	(s)
Jugomandibularindex	0,101 ***	(s)
Unterkiefergesichtsindex	- 0,103 ***	(s)

Augenfarbe	0,005 n.s	(s)
Haarfarbe[4]	0,143***	(s)
Hinterhauptswölbung	0,312***	(s)
Nasenrückenprofil	0,083	(c)
Kinnprofil	- 0,034 n.s	(s)
Gesichtsumrißform	0,107	(c)
Lage des Augapfels	0,210***	(s)
Stellung der Lidspalte	0,059*	(s)
Stellung der Jochbögen	- 0,008 n.s	(s)
Zahl der Delten	- 0,011 n.s	(s)

[1] Unterschied der Korrelation von Null (signifikant auf 0,1 %-***, 1,0 %-** und 5,0 %-Niveau*)
[2] S = Korrelationseffizient von Spearman, C = Korrelationseffizient Cramer's V
[3] ohne Adipöse [4] ohne Rothaarige

Tabelle 2: Merkmale und Familiennamen in den Regionen (Knaben und Mädchen), Teil 1

	Me-Vp	Sa-A. Nord	Brand.[1]	Sa-A. Süd[1]	Thür.	Sachs.[1]	Laus.	Pomm. West	Pomm. Ost	Ostpr. West	Ostpr. Ost	Ostpr. NO	Masur.	Westp. Ost	Westp. West
n	29	33	34	38	36	82	44	88	42	155	29	40	140	102	23
AF blau 1a-2b	69,0%	51,5	33,1	47,4	38,9	55,2	59,1	51,1	47,6	51,0	55,2	52,5	50,0	50,0	21,7
AF braun 12-16	0,0%	9,1	2,1	6,3	11,1	8,3	2,3	2,3	2,4	3,2	3,4	5,0	5,0	6,9	4,3
HF blond A-O	44,8%	45,5	44,3	47,8	30,6	35,3	50,0	45,5	50,0	45,8	34,4	35,0	45,0	46,0	30,4
HF br-schw.U-Y	27,6%	27,3	26,0	20,7	44,4	38,2	34,1	31,8	26,2	31,0	34,5	32,5	28,6	29,4	34,8
HF rot I-VI	3,4%	0,0	2,1	3,7	0,0	2,0	2,3	2,2	0,0	1,9	0,0	2,5	1,4	1,0	0,0
LBI	79,2	78,7	81,5	81,4	81,9	82,4	82,4	81,3	82,1	81,5	81,9	81,8	81,6	82,1	81,9
GI	84,9	87,6	84,8	84,5	85,1	84,7	83,6	85,5	84,7	84,7	84,7	86,3	84,8	86,0	85,7
NI	62,3	61,8	64,0	63,2	61,1	63,1	62,7	62,9	62,4	63,2	61,3	62,6	62,4	62,5	63,0
UGI	88,2	85,6	85,4	86,1	86,2	85,9	86,8	86,5	86,4	87,1	86,8	86,1	86,8	85,8	86,0
Rohrer-I.	1,20	1,22	1,24	1,26	1,25	1,21	1,23	1,25	1,23	1,23	1,31	1,25	1,24	1,24	1,20
leptosom	48,2%	45,5	42,2	34,0	27,8	45,7	29,6	34,1	33,4	32,9	10,3	30,0	35,7	36,3	47,8
pyknisch	3,4%	3,1	8,5	5,8	13,9	9,5	11,4	8,0	7,1	5,2	20,7	5,0	5,0	10,8	8,7
Körperhöhe	161,8	161,2	157,3	160,2	157,4	158,9	158,7	158,6	157,5	157,3	158,9	160,2	158,4	159,5	159,4
korr.Kh(Kn.)	161,7	159,7	157,2	160,1	158,1	159,1	160,5	158,0	159,2	158,4	158,6	159,6	159,6	160,3	159,1
n(korr.Kh.)	15	18	26	26	19	54	26	45	25	85	15	22	78	61	13
Hinterh.w.(3)	2,76	3,00	2,95	2,95	2,78	2,84	3,05	2,89	2,74	2,83	2,90	2,83	2,89	2,97	2,96
Kinnprofil(4)	2,93	2,88	3,01	3,10	3,06	2,92	2,98	2,92	2,98	3,06	3,03	3,00	2,96	2,99	3,04
L.d.Augapf.(5)	3,24	3,21	3,24	3,14	3,25	3,10	3,05	3,17	3,12	3,10	3,00	3,25	3,12	3,12	3,22
St.d.Lidsp.	1,10	1,21	1,12	1,16	1,17	1,15	1,05	1,13	1,29	1,19	1,10	1,23	1,19	1,25	1,17
St.d.Jochb.	1,24	1,12	1,30	1,16	1,28	1,23	1,20	1,27	1,38	1,37	1,31	1,48	1,24	1,47	1,30
Npr. gerade	48,3%	30,3	43,7	48,4	44,4	52,0	50,0	44,3	47,6	49,0	41,4	42,5	40,0	38,2	52,2
konvex	6,9%	12,1	2,1	2,1	11,1	6,3	0,0	2,2	2,4	1,2	3,4	2,5	6,4	3,9	4,3
schw.konkav	27,6%	45,5	40,1	21,3	27,8	30,6	34,1	39,8	21,4	36,8	34,5	37,5	35,0	25,5	34,8
st. konkav	3,4%	0,0	4,2	10,1	8,3	1,0	4,5	3,4	16,7	5,8	6,9	2,5	4,3	12,7	4,3
st. wellig	0,0%	3,0	0,0	2,1	2,8	0,0	4,5	3,4	7,1	1,3	6,9	2,5	3,6	5,9	4,3
Ges. oval	24,1%	42,4	24,0	30,3	19,4	26,2	15,9	26,1	14,3	20,6	24,1	20,0	19,3	22,5	17,4
rund	6,9%	3,0	6,3	13,8	22,2	16,4	11,4	4,5	11,9	13,5	13,8	10,0	13,6	9,8	8,7
Lidsp.schr.	6,4%	15,2	12,0	16,0	13,9	11,7	4,5	11,3	21,4	17,4	10,3	22,5	15,8	22,6	13,0
Jb. betont	20,6%	12,1	29,6	16,0	25,0	21,2	20,5	26,1	33,4	30,4	27,5	30,5	21,5	40,2	30,4
Z.d.Delt.	12,55	12,15	12,13	11,94	12,42	13,31	12,68	12,03	12,26	12,32	12,55	13,10	13,06	11,90	12,22
A-Gen	0.224	0.151	0.358	0.232	0.210	0.216	0.130	0.232	0.306	0.282	0.474	0.187	0.284	0.182	0.359
B-Gen	0.104	0.057	0.081	0.156	0.145	0.138	0.130	0.143	0.251	0.137	0.037	0.158	0.099	0.165	0.044
0-Gen	0.672	0.791	0.560	0.622	0.644	0.646	0.741	0.624	0.443	0.581	0.488	0.654	0.617	0.643	0.597
M-Gen	0.434	0.528	0.380	0.542	0.474	0.490	0.500	0.464	0.620	0.641	0.465	0.571	0.583	0.560	0.683
N-Gen	0.566	0.472	0.620	0.459	0.523	0.511	0.500	0.536	0.380	0.359	0.536	0.428	0.418	0.441	0.319
n (Blutgr.)	15	18	25	24	19	47	25	42	25	83	14	21	73	59	12
FN poln./tsch.[2]	0,0%	0,0	0,0	0,0	0,0	0,0	0,0	0,7	1,5	5,9	7,5	3,2	46,3	19,7	10,4
FN nichtdt.	4,8%	3,3	7,9	3,5	2,4	5,0	23,7	11,9	22,4	29,7	28,3	47,6	65,5	30,9	22,9
n (FN)	63	60	76	86	83	139	97	135	67	202	53	63	177	152	48

[1] Geschlechterverhältnis auf 55:45 umgerechnet. [2] Slawische Familiennamen der jüngeren Schicht, ca. ab 16./17. Jh., durch die deutsche Sprache nicht oder wenig beeinflußt, siehe Teil II. [3] Je höher, desto flacher. [4] Je höher, desto fliehender. [5] Je höher, desto tiefer

Tabelle 2: Merkmale und Familiennamen in den Regionen (Knaben und Mädchen), Fortsetzung

	Danzig	Ost-Brand.	Nieder Schl.N	Riesen-gebirge	Ober-Schl.	Sudet. West	Sudet. Ost	Balten-deut.	Volksd. II	Volksd. III	Volksd. IV	Münst.-land[1]	Ruhr-gebiet	Sauer-land	Ost westf.
n	38	21	256	365	318	90	33	16	160	36	35	4180	4712	4547	3153
AF blau	47,4%	36,1	50,0	42,2	42,5	54,0	42,0	43,8	45,0	61,1	31,4	54,4	48,9	56,9	57,9
AF braun	7,9%	9,8	8,2	9,3	8,2	9,8	13,2	6,3	10,0	2,8	17,1	4,1	6,2	5,1	3,7
HF blond	31,6%	24,9	43,3	37,0	39,7	32,9	46,4	43,8	45,0	55,6	20,0	48,8	41,3	49,2	55,6
HF br-schw.	44,7%	59,2	30,5	38,1	32,4	37,8	38,0	18,8	32,5	27,8	71,4	21,6	33,6	29,1	24,9
HF rot	0,0%	6,1	0,8	4,1	3,1	3,3	0,0	0,0	0,6	5,6	0,0	2,7	2,5	3,1	3,3
LBI	81,1	81,4	82,8	83,7	83,9	84,9	85,6	79,9	83,4	82,8	84,2	80,5	80,4	79,9	80,1
GI	85,0	86,4	84,5	84,2	83,9	84,4	84,9	84,8	84,0	84,3	84,2	86,5	86,2	85,2	85,7
NI	62,3	62,2	61,9	61,7	61,9	61,5	61,7	63,7	62,8	62,0	62,7	61,2	61,9	62,0	62,3
UGI	87,2	84,0	86,8	86,7	87,4	86,9	87,2	85,1	87,4	86,8	86,7	86,1	84,9	86,3	85,7
Rohrer-I.	1,21	1,23	1,24	1,26	1,25	1,22	1,30	1,20	1,28	1,27	1,24	1,26	1,26	1,25	1,22
leptosom	44,7%	35,7	36,8	30,6	30,3	41,8	25,7	50,0	27,6	30,6	45,7				
pyknisch	9,9%	3,7	8,2	9,3	12,0	7,9	18,9	6,3	13,1	8,3	5,7				
Körperhöhe	158,6	157,8	158,3	156,4	157,5	159,0	157,8	160,2	157,8	157,3	157,2	158,4	159,1	159,5	159,0
korr.Kh(Kn.)	161,2	159,4	158,6	157,2	157,9	159,5	157,6	161,0	158,0	159,6	156,6				
n(korr.Kh.)	20	9	143	204	187	56	22	12	90	20	19				
Hinterh.w.[1]	2,82	2,83	2,94	2,95	2,94	3,07	3,13	2,63	2,98	2,94	2,86				
Kinnprofil[2]	3,00	3,02	2,98	2,98	2,97	3,09	3,10	3,13	2,96	3,03	2,97				
L.d.Augapf.[3]	3,16	3,10	3,07	3,14	3,10	3,11	3,10	3,25	3,11	3,25	3,11				
St.d.Lidsp.	1,26	1,11	1,14	1,15	1,24	1,24	1,18	1,25	1,22	1,22	1,11				
St.d.Jochb.	1,45	1,38	1,27	1,23	1,37	1,37	1,33	1,19	1,34	1,44	1,29				
Npr. gerade	42,1%	62,9	53,9	57,0	47,2	56,6	38,2	43,8	53,8	61,1	57,1	44,6	45,9	48,2	59,4
konvex	2,6%	0,0	3,9	5,2	6,2	2,3	10,7	12,6	3,8	0,0	0,0	4,9	4,9	3,4	2,3
schw.konkav	42,1%	19,7	28,9	25,5	27,7	25,0	31,4	31,3	29,4	30,6	34,3				
st. konkav	2,6%	3,7	3,5	3,0	6,3	2,3	6,6	0,0	4,4	0,0	0,0	36,1	38,5	40,2	31,8
st. wellig	0,0%	9,8	2,3	3,0	2,5	1,0	6,6	6,3	0,6	0,0	2,9	13,5	10,8	8,4	6,6
Ges. oval	31,6%	38,1	18,4	16,9	16,0	19,7	19,1	31,3	14,4	13,9	14,3				
rund	15,8%	3,7	10,2	12,6	13,8	10,2	18,9	6,3	19,4	13,9	14,3				
Lidsp.schr.	18,4%	7,4	12,1	12,6	19,5	22,1	18,2	25,0	19,4	19,5	8,6	12,9	17,9	6,8	11,6
Jb. betont	39,5%	38,4	23,4	21,4	31,2	32,6	26,4	18,8	30,1	41,7	28,6	22,2	30,1	16,3	17,0
Z.d.Delt.	12,18	12,52	12,76	12,27	12,43	12,41	12,61	12,31	12,26	12,75	12,14	12,05	12,32	12,23	12,05
A-Gen	0.295	0.250	0.305	0.265	0.299	0.249	0.277	0.338	0.246	0.175	0.255	0.272	0.282	0.291	0.276
B-Gen	0.195	0.116	0.088	0.088	0.130	0.019	0.024	0.225	0.101	0.113	0.118	0.065	0.089	0.060	0.071
0-Gen	0.510	0.634	0.607	0.647	0.571	0.732	0.698	0.435	0.653	0.712	0.627	0.666	0.628	0.654	0.653
M-Gen	0.600	0.556	0.565	0.503	0.539	0.500	0.524	0.584	0.536	0.711	0.500	0.554	0.567	0.533	0.514
N-Gen	0.400	0.444	0.435	0.492	0.460	0.500	0.477	0.417	0.464	0.290	0.500	0.447	0.437	0.466	0.486
n (Blutgr.)	20	9	145	208	187	53	21	12	83	21	18	2700	2697	2774	1806
FN poln./tsch.	10,1%	5,5	4,1	3,1	35,2	13,4	20,0	0,0	12,6	12,8	11,9				
FN nichtdt.	34,2%	20,0	19,7	14,9	44,6	18,5	24,4	0,0	21,6	19,1	19,0				
n (FN)	79	55	391	423	437	96	45	19	231	47	42				

[1] Je höher, desto flacher
[2] Je höher, desto fliehender
[3] Je höher, desto tiefer

Tabelle 3: Häufigkeit der Typen (Felddiagnose) in den Regionen (Knaben und Mädchen)

	M-V	S-A(N)	BR	S-A(S)	Th	Sa	Lau	PO(W)	PO(O)	OP(W)	OP(O)	OP/NO	Ma
n =	29	33	34	38	36	82	44	88	42	155	29	40	140
nordid	31,0 %	33,3	20,6	31,6	13,9	26,9	15,9	19,3	11,9	18,0	24,1	22,5	25,0
fälisch	34,4	18,2	23,5	15,8	16,7	20,7	36,4	22,8	21,4	21,2	17,2	15,0	15,7
alpin	3,4	12,1	2,9	7,9	13,9	8,5	4,5	4,5	4,8	7,7	10,3	10,0	5,7
dinarid	-	-		-	-	-	-	1,1	-	0,6	-	-	-
osteuropid	3,4	-	2,9	5,3	8,3	2,4	4,5	5,7	11,9	11,0	6,9	10,0	10,0
unbestimmt	27,5	36,6	50,0	39,5	47,3	41,1	38,7	46,7	50,1	41,2	41,4	42,5	43,5

	WP(O)	WP(W)	Dz	OB	NS(N)	NS(R)	OS	SU(W)	SU(O)	VD I	VD II	VD III	VD IV
n =	102	23	38	21	256	365	318	90	33	16	160	36	35
nordid	17,6	21,7	26,3	9,5	15,7	16,4	12,9	12,2	15,1	25,1	15,0	16,7	11,4
fälisch	15,6	13,0	5,3	19,0	21,1	20,5	22,0	15,6	21,2	31,3	17,5	25,0	14,3
alpin	11,8	8,7	23,7	-	10,5	19,5	14,2	14,4	15,2	-	18,1	8,3	28,6
dinarid	-	-	-	-	0,8	0,5	0,3	-	3,0	-	1,3	-	-
osteuropid	11,8	8,7	15,8	9,5	7,8	5,5	11,6	8,9	6,1	-	8,1	11,1	2,9
unbestimmt	43,2	47,8	28,9	61,9	44,2	37,5	38,9	48,8	39,5	43,9	40,1	38,9	42,9

Regionen: M-V= Mecklenburg-Vorpommern, S-A(N)=Sachsen-Anhalt (Nord), BR=Brandenburg, S-A(S)=Sachsen-Anhalt (Süd), Th= Thüringen, Sa=Sachsen, Lau=Lausitz, PO(W)=Pommern (West), PO(O)=Pommern (Ost), OP(W)=Ostpreußen (West), OP(O)=Ostpreußen (Ost), OP/NO=Ostpreußen/Nordost, Ma=Masuren, WP(O)=Westpreußen (Ost), WP(W)=Westpreußen (West, Netzegebiet), Dz=Danzig, OB=Ostbrandenburg, NS(N)=Niederschlesien (Nord), NS(R)=Niederschlesien (Riesengebirge, Süd), OS=Oberschlesien, SU(W)=Sudetenland (West), SU(O)=Sudetenland (Ost), VD I=Volksdeutsche I (Baltendeutsche), VD II=Volksdeutsche II (Polen, Litauen, Wolhynien, Ostgalizien), VD III=Volksdeutsche III (Wolgagebiet, Ukraine, Bukowina, Bessarabien, Dobrudscha, Siebenbürgen), VD IV=Volksdeutsche IV (Gottschee, Südsteiermark, Zips, Ungarn, Banat, Slawonien)

Tabelle 4: Hauptkomponentenladungen (Knaben, n= 1607)

	1.Hauptk.	2.Hauptk.	3.Hauptk.	4.Hauptk.	5.Hauptk.
% d. Variabilität	13,8 %	11,1	9,7	8,3	7,7
Rohrer-Index	0.2246	- 0.1364	0.0578	0.3904	0.0657
Längenbreiten-I.	0.3134	- 0.3023	0.1792	- 0.5221	- 0.1786
Gesichtsindex	- 0.5158	0.2982	0.0415	0.0284	0.0630
Nasenindex	0.3713	0.0034	0.0093	0.4124	0.0241
Zahl der Delten	- 0.0163	- 0.0844	- 0.0953	- 0.0927	0.1725
Haarfarbe	- 0.0270	- 0.0189	0.6565	0.2598	0.0065
Nasenprofil	0.0919	0.2983	- 0.0223	0.2772	- 0.1977
Gesichtsumriß	0.3459	- 0.2309	- 0.2575	0.3030	- 0.0197
Augenfarbe	0.0439	0.0721	0.6462	0.0373	- 0.0520
Hinterhauptswölb.	0.3037	- 0.0262	0.1785	- 0.3536	0.1363
Kinnprofil	0.0357	0.4280	- 0.0200	- 0.0657	- 0.3487
Lage d. Augapfels	- 0.0895	- 0.0562	0.0496	0.0281	0.8027
St. d. Lidspalte	0.3122	0.4906	- 0.0047	- 0.1218	0.2874
St. d. Jochbögen	0.3423	0.4669	- 0.0577	- 0.1126	0.1410

Tabelle 5: Hauptkomponentenladungen (Mädchen, n= 1152)

	1.Hauptk.	2.Hauptk.	3.Hauptk.	4.Hauptk.	5.Hauptk.
% d. Variabilität	14,1 %	10,8	10,1	8,0	7,8
Rohrer-Index	0.2429	- 0.1400	- 0.1510	0.0297	0.1078
Längenbreiten-I.	0.3739	- 0.2389	0.0182	- 0.4028	- 0.3424
Gesichtsindex	- 0.5168	0.2060	0.2073	0.0666	- 0.1347
Nasenindex	0.3364	0.0147	- 0.0740	0.0991	0.3988
Zahl der Delten	- 0.0293	- 0.0786	0.1491	- 0.3150	0.1829
Haarfarbe	0.0499	- 0.3085	0.5745	0.0510	0.2122
Nasenprofil	0.1022	0.2894	0.1229	- 0.2230	0.1774
Gesichtsumriß	0.2219	- 0.1357	- 0.3761	0.1614	0.3865
Augenfarbe	0.0975	- 0.3025	0.5620	0.1772	0.1882
Hinterhauptswölb.	0.2781	- 0.1652	0.0838	- 0.2049	- 0.5005
Kinnprofil	- 0.1061	0.2812	0.1208	- 0.4031	0.2342
Lage d. Augapfels	- 0.0573	- 0.1782	- 0.0175	0.5614	- 0.2584
St. d. Lidspalte	0.3300	0.4775	0.2152	0.2413	- 0.0660
St. d. Jochbögen	0.3785	0.4682	0.1877	0.1882	- 0.1495

Tabelle 6: Hauptkomponentenwerte der Regionen (Knaben und Mädchen)

	Me-Vp	Sa-A. Nord	Brand.	Sa-A. Süd	Thür.	Sachs.	Laus.	Pomm. West	Pomm. Ost
n	29	33	34	38	36	82	44	88	42
1.Hauptk.	-0.556	-0.764	-0.151	-0.159	-0.359	-0.374	0.039	-0.213	-0.017
2.Hauptk.	0.076	0.335	0.152	0.087	0.080	-0.151	-0.307	0.024	0.299
3.Hauptk.	-0.531	-0.028	-0.108	-0.114	0.315	0.004	-0.266	-0.190	-0.287
4.Hauptk.	0.232	-0.040	0.206	0.246	-0.013	0.182	0.143	0.040	0.075
5.Hauptk.	0.561	0.639	0.143	0.135	0.167	-0.020	-0.143	0.322	0.096

	Ostpr. West	Ostpr. Ost	Ostpr. NO	Masur.	Westp. Ost	Westp. West	Danzig	Ost-Brand.	Nieder Schl.N
	155	29	40	140	102	23	38	21	256
1.Hauptk.	-0.065	-0.092	-0.096	-0.159	0.074	-0.168	-0.139	-0.197	-0.034
2.Hauptk.	0.229	0.051	0.341	0.066	0.444	0.082	0.425	0.180	-0.145
3.Hauptk.	-0.212	-0.036	-0.115	-0.187	-0.166	0.267	0.078	0.273	-0.084
4.Hauptk.	0.214	0.066	0.008	0.089	-0.098	0.109	0.074	0.078	0.000
5.Hauptk.	0.113	0.002	0.354	0.088	0.128	0.169	0.230	0.241	-0.131

	Riesen-gebirge	Ober-Schl.	Sudet. West	Sudet. Ost	Balten-deut.	Volksd. II	Volksd. III	Volksd. IV.
n	365	318	90	33	16	160	36	35
1.Hauptk.	0.048	0.285	0.216	0.231	-0.433	0.300	0.091	0.055
2.Hauptk.	-0.313	-0.053	-0.043	-0.057	0.327	-0.110	0.103	-0.304
3.Hauptk.	0.180	0.077	0.255	0.267	-0.140	0.018	-0.215	0.763
4.Hauptk.	-0.096	-0.103	-0.247	-0.332	0.502	-0.096	-0.368	0.120
5.Hauptk.	-0.127	-0.180	-0.475	-0.524	0.439	-0.032	0.026	-0.186

Tabelle 7: Korrelationsmatrix (Knaben)

	Ro.-I.	LBI	GI.	NI	Delt.	Haarf.	Npr.	Ges.	Augenf.	Hhw	Kinnpr.	L.d.Aug.	St.d.Lid.
Rohrer-Index													
Längenbreiten-I.	0.0532												
Gesichtsindex	- 0.1237	- 0.3767											
Nasenindex	0.1253	0.0123	- 0.2743										
Zahl der Delten	- 0.0350	- 0.0116	- 0.0184	- 0.0257									
Haarfarbe	0.0641	- 0.0056	0.0403	0.0442	- 0.0199								
Nasenprofil	0.0234	- 0.0630	0.0269	0.1042	- 0.0298	0.0057							
Gesichtsumriß	0.1491	0.0185	- 0.3704	0.1549	0.0384	- 0.0738	- 0.0082						
Augenfarbe	- 0.0084	0.0608	- 0.0271	0.0145	- 0.0135	0.3073	- 0.0093	- 0.0702					
Hinterhauptswölb.	0.0817	0.2549	- 0.1241	0.0893	0.0012	0.0339	0.0371	0.0592	0.0247				
Kinnprofil	- 0.0134	- 0.0608	0.1017	- 0.0290	- 0.0275	- 0.0310	0.1171	- 0.0258	0.0357	0.0328			
Lage d. Augapfels	0.0172	- 0.0692	0.0557	- 0.0424	0.0140	0.0159	- 0.0426	- 0.0338	- 0.0057	0.0379	- 0.0994		
St. d. Lidspalte	- 0.0040	- 0.0077	- 0.0743	0.1261	- 0.0336	- 0.0310	0.1046	0.0154	0.0467	0.1242	0.1325	0.0253	
St. d. Jochbögen	0.0283	0.0006	- 0.1333	0.1229	- 0.0055	- 0.0601	0.0783	0.0404	0.0409	0.0834	0.1572	- 0.0613	0.4443

Tabelle 8: Korrelationsmatrix (Mädchen)

	Ro.-I.	LBI	GI.	NI	Delt.	Haarf.	Npr.	Ges.	Augenf.	Hhw	Kinnpr.	L.d.Aug.	St.d.Lid.
Rohrer-Index													
Längenbreiten-I.	0.0841												
Gesichtsindex	- 0.1932	- 0.3817											
Nasenindex	0.0299	0.0400	- 0.3297										
Zahl der Delten	0.0186	0.0429	0.0236	- 0.0443									
Haarfarbe	0.0109	0.0416	0.0110	0.0074	0.0733								
Nasenprofil	0.0296	- 0.0074	0.0006	0.0611	0.0154	- 0.0102							
Gesichtsumriß	0.1528	0.0160	- 0.2705	0.0964	- 0.0117	- 0.0468	- 0.0260						
Augenfarbe	0.0114	0.0726	- 0.0533	0.0447	0.0273	0.3796	- 0.0134	- 0.0618					
Hinterhauptswölb.	0.0821	0.2542	- 0.1426	0.0559	- 0.0289	0.0738	0.0265	0.0148	0.0378				
Kinnprofil	- 0.0412	- 0.0736	0.1206	- 0.0264	0.0273	- 0.0220	0.0960	- 0.0605	- 0.0292	- 0.0385			
Lage d. Augapfels	0.0320	- 0.0693	0.0335	- 0.0395	- 0.0133	- 0.0082	- 0.0541	0.0154	0.0631	0.0392	- 0.0982		
St. d. Lidspalte	- 0.0082	0.0437	- 0.0814	0.1032	- 0.0086	- 0.0029	0.1074	0.0377	0.0223	0.0352	0.0140	- 0.0559	
St. d. Jochbögen	0.0897	0.0808	- 0.1428	0.1225	- 0.0386	- 0.0330	0.1249	- 0.0283	0.0045	0.0903	0.0387	- 0.0360	0.5199

Tabelle 9: Korrelationsmatrix der einheimische Westfalen (Knaben, n= 1180, aus Schwidetzky & Walter 1967, S 42f.)

	Entw.	St.d.L.[1]	Lsp.-I.[2]	M.-I.[3]	Atf.-I.[4]	Kinnw.[5]	Kwabr.[6]	Msp.[7]	Brrtg.[8]	Kpr.[9]	Npr.[10]	St.d.Jb.[11]	LBI	GI	NI	JMI	Kh	Ro.-I.	Augenf.	Haarf.
Entwicklungsstand																				
Stellung d. Lidspalte	0.012																			
Lidspalten-Index	- 0.009	0.312																		
Mund-Index	0.019	0.007	0.153																	
Augentiefen-Index	0.087	0.058	0.132	0.147																
Kinnwinkel	- 0.100	- 0.116	- 0.082	- 0.071	- 0.085															
Kinnwinkelabrundung	0.095	0.088	0.145	0.102	0.037	- 0.599														
Schweifg d.Mundsp.	0.006	0.062	0.192	0.120	0.135	- 0.153	0.249													
Brauenrichtung	0.024	0.081	- 0.040	0.054	0.149	- 0.096	0.128	0.178												
Kinnprofil	0.107	- 0.061	- 0.120	- 0.300	0.060	0.101	- 0.169	- 0.109	- 0.054											
Nasenprofil	0.099	- 0.190	- 0.037	- 0.108	0.116	- 0.003	- 0.036	- 0.041	- 0.096	0.028										
St. d. Jochbögen	- 0.046	0.072	- 0.180	0.091	- 0.178	0.220	- 0.115	- 0.137	- 0.065	- 0.025	- 0.572									
Längenbreitenindex	- 0.083	- 0.027	- 0.032	- 0.105	0.101	0.022	0.034	- 0.008	0.070	0.085	0.033	- 0.110								
Gesichtsindex	0.101	0.113	0.152	0.212	0.240	- 0.338	0.224	0.176	0.231	- 0.159	0.148	- 0.236	- 0.368							
Nasenindex	- 0.073	- 0.013	- 0.119	0.029	- 0.115	0.177	- 0.070	- 0.034	0.063	0.119	- 0.265	0.304	0.039	- 0.361						
Jugomandibular-I.	0.081	- 0.098	- 0.038	0.007	- 0.101	- 0.099	- 0.111	0.039	0.007	0.097	- 0.039	0.088	- 0.100	0.098	0.089					
Körperhöhe	0.134	- 0.104	- 0.185	0.077	0.104	- 0.166	0.013	0.048	0.047	0.180	0.031	- 0.103	- 0.010	0.282	0.108	- 0.053				
Rohrer-Index	0.175	0.001	- 0.049	0.026	- 0.177	0.058	0.071	0.005	0.013	0.091	- 0.037	0.028	0.148	- 0.151	0.090	- 0.042	- 0.140			
Augenfarbe	- 0.098	0.055	0.072	- 0.042	- 0.046	- 0.011	0.101	0.020	- 0.004	0.004	0.010	- 0.074	- 0.046	0.025	0.013	0.007	- 0.042	0.008		
Haarfarbe	- 0.111	- 0.098	0.028	0.015	- 0.054	- 0.029	0.086	0.013	0.037	0.024	- 0.022	- 0.104	- 0.077	0.107	- 0.027	- 0.034	0.008	- 0.006	0.571	
Zahl der Delten	- 0.009	0.072	0.034	0.009	- 0.003	- 0.084	0.021	0.093	- 0.006	0.012	- 0.010	0.007	0.072	0.008	0.014	- 0.039	0.044	- 0.084	- 0.051	0.038

[1] Stellung der Lidspalte
[2] Lidspaltenindex (Höhe der Lidspalte im Verhältnis zur Weite)
[3] Mundindex (Lippenhöhe im Verhältnis zur Mundspaltenweite)
[4] Augentiefenindex
[5] Kinnwinkel
[6] Kinnwinkelabrundung
[7] Schweifung der Mundspalte
[8] Brauenrichtung
[9] Kinnprofil
[10] Nasenrückenprofil
[11] Stellung der Jochbögen

Tabelle 10: Rassentypen und AB0-Blutgruppen

	n	A	B	0	AB
nordid	325	39,0 %	13,9	40,0	6,7
fälisch	315	39,9	15,2	40,3	4,4
alpin	139	43,2	12,9	41,0	2,9
dinarid	6	33,3	-	50,0	16,7
osteuropid	90	34,5	23,3***	37,8	4,4
unbestimmbar	648	45,9	14,5	35,8	6,6

Familienname	deutsch		polnisch-masurisch		prussisch		litauisch	
n	276		112		39		31	
	M	s	M	s	M	s	M	S
Körperhöhe	158,4	7,3	157,7	6,8	157,7	6,3	159,5	9,1
korr. Kh (Kn)	159,1	6,0	157,8°	5,8	159,3	5,7	158,7	6,8
n (korr.Kh)	153		69		21		13	
Röhrer-I.	1,24	0,13	1,26	0,14	1,25	0,13	1,26	0,16
Leptosome	29,8%		33,1		38,5		32,4	
LBI	81,2	3,9	81,7	3,8	82,3	3,9	80,8	3,4
GI	85,2	4,7	84,5	5,1	84,8	4,1	85,6	4,1
NI	62,6	4,9	63,1	4,6	62,5	3,9	63,4	4,0
Jugomandib.-I.	73,7	3,9	74,5°	4,0	73,0	3,6	73,6	3,6
Unterk.-ges.-I.	86,6	6,3	88,0$^+$	5,8	86,1	4,2	86,2	5,8
AF blau	54,3%		42,9$^+$		51,3		67,7	
hellmeliert	21,4%		31,3$^+$		23,1		6,5$^+$	
braun	3,6%		6,3		5,1		6,5	
HF hellblond	17,0%		18,8		17,9		12,9	
dunkelblond	27,5%		20,5		25,6		32,3	
braun	22,5%		33,0$^+$		20,5		22,6	
braunschwarz	31,5%		25,9		33,3		32,6	
rot	1,4%		1,8		2,6		0,0	
Nasenpr. gerade	48,2%		44,6		38,5		41,9	
konvex	3,3%		5,4		5,1		0,0	
st.u.schw. konkav	34,1%		44,6$^+$		51,3$^+$		38,8	
st.u.schw. wellig	14,5%		5,4$^+$		5,1°		19,3	
Kinnpr. zurückw.	7,6%		9,9		12,6		13,0	
Gesicht oval	23,9%		18,8		23,1		25,8	
rund	9,8%		17,0$^+$		10,3		19,4	
Lage des Augapfels								
flach	4,3%		4,5		10,3		6,5	
tief	17,4%		14,3		7,7		13,0	
Lidsp. schräg	15,5%		22,4		10,3		16,1	
Jochb. betont	25,7%		35,8$^+$		33,4		38,7	
Zahl der Delten	12,6	3,6	13,1	2,9	12,0	2,8	13,8	2,7
Blutgruppe B	16,9%		7,6		15,0		30,8	
(n wie korr.Kh)								
A-Gen	0.293		0.300		0.298		0.124	
B-Gen	0.131		0.078		0.079		0.170	
0-Gen	0.576		0.621		0.622		0.705	

° Irrtumswahrscheinlichkeit $\alpha < 10,0$ %

Tabelle 11: Familiennamengruppen in Ostpreußen (Knaben und Mädchen)
Die Signifikanzen beziehen sich auf den Vergleich mit der deutschen Familiennamengruppe

Tabelle 12: Die Konfessionen in Westpreußen

	Protestanten	Katholiken
n =	104	68
Körperhöhe	159,2	158,9
Korrigierte Körperh.[1]	160,3	159,9
Rohrer-Index	1,21	1,26*
Leptosome (1-3)	45,2 %	29,4*
Pykniker (6-7)	9,7	13,2
Längenbreitenindex	81,8	82,0
Gesichtsindex	85,7	85,7
Nasenindex	62,3	62,8
Augenfarbe blau u. hellm.	72,1 %	66,2
dunkelmel. u. braun	27,9	33,9
Haarfarbe blond u. dklbld.	38,5	39,6
braun	26,0	25,0
braunschwarz	34,6	35,3
rot	1,0	-
Hinterhauptsprofil		
gewölbt und stark gewölbt	16,3 %	8,9
Kinnprofil		
vorspringend u. stark v.	14,5 %	7,4
Lage des Augapfels	3,13	3,17
Stellung der Lidspalte		
schräg u. sehr schräg	15,4 %	23,6
Stellung der Jochbögen		
betont und stark betont	29,8	45,6*
Gesichtsumrißform spitz	9,6	7,4
lang-oval	24,0	23,5
rund	7,7	16,2°
viereckig	1,0	7,4
fünfeckig	56,7	42,6°
Typus nordid	19,2 %	20,6
fälisch	13,4	14,7
alpin	8,7	19,1*
osteuropid	10,6	11,8

° Irrtumswahrscheinlichkeit $\alpha < 10\ \%$

[1] Nur Knaben, n= 63 und n= 36

Tabelle 13: Die Familiennamengruppen in Westpreußen

	deutsch	polnisch
n =	155	17
Körperhöhe	158,7	160,8°
Korrigierte Körperh.[1]	159,9	161,3
Rohrer-Index	1,23	1,25*
Leptosome	38,7 %	29,4
Athletiker	5,8	17,6°
Längenbreitenindex	81,9	81,5
Morph. Gesichtsindex	85,4	85,8
Nasenindex	62,7	62,2
Augenfarbe blau u. hellmel.	70,3 %	58,8
dunkelmel. u. braun	29,7	41,2
Haarfarbe hellblond u. bld.	18,1	29,4
dunkelblond	23,2	-
braun u. braunscharz	58,1	70,6
rot	0,6	-
Hinterhauptswölbung		
gewölbt u. stark gew.	16,1 %	-
Kinnprofil		
vorspringend u. stark v.	13,6	-
zurückweichend u. stark z.	9,0	17,6
Lage des Augapfels	3,15	3,23
Stellung der Lidspalte		
schräg u. sehr schräg	20,0 %	11,8
Stellung der Jochbögen		
betont u. stark betont	38,7	23,5
Nasenrückenprofil gerade	41,9 %	35,3
konvex	4,5	-
schwach konkav	30,3	29,4
stark konkav	9,0	-
schwach wellig	9,7	29,4)*[2]
stark wellig	4,5	5,9)
Gesichtsumrißform spitz	8,4	5,9
lang-oval	22,6	23,5
rund	10,3	17,6
fünfeckig	53,5	47,1
Typus nordid	20,0 %	11,8°
fälisch	12,2	17,6
alpin	12,3	23,5
osteuropid	12,3	5,9

° Irrtumswahrscheinlichkeit α < 10 %

[1] Nur Knaben, n= 63 und n= 36

[2] Schwach und stark wellig zusammen

Tabelle 14: Die Familiennamengruppen im Sudetenland

	deutsch	tschechisch
n =	113	16
Körperhöhe	159,0	158,6
Korrigierte Körperh.[1]	159,9	157,7
Rohrer-Index	1,23	1,28
Leptosome (1-3)	38,1 %	37,6
Athletiker	6,2	12,5
Pykniker (6-7)	8,9	18,8
Längenbreitenindex	85,0	84,5
Morph. Gesichtsindex	84,2	87,4**
Nasenindex	61,7	61,1
Unterkiefergesichtsindex	87,3	84,3*
Augenfarbe blau	48,7 %	43,8
hellmeliert	7,1	18,8
dunkelmel. u. braun	44,3	37,6
Haarfarbe hellblond u. blond	16,8	12,5
braun	24,8	12,5
braunschwarz	36,3	50,0
rot	2,7	-
Kinnprofil	3,12	2,94
Lage des Augapfels	3,14	3,06
Stellung der Lidspalte		
schräg u. sehr schräg	20,4 %	25,0
Stellung der Jochbögen		
betont	28,3	12,5
stark betont	3,5	12,5
Typus nordid	13,3 %	12,5
fälisch	15,9	18,8
alpin	15,0	6,3
osteuropid	8,0	6,3

[1] Nur Knaben, n= 66 und n= 13

Tabelle 15: Die Familiennamengruppen bei den Volksdeutschen

	deutsch	**polnisch, russisch usw.**
n =	227	25
Entwicklungsstand[1]	1,89	0,70
Körperhöhe	158,1	154,5*
Korrigierte Körperh.[2]	158,5	155,9
Rohrer-Index	1,26	1,31
Leptosome (1-3)	32,6 %	20,0
Pykniker (6-7)	12,7	16,0
Längenbreitenindex	83,2	82,7
Morph. Gesichtsindex	84,0	84,2
Nasenindex	62,8	62,1
Augenfarbe blau	46,7 %	44,0
hellmeliert	16,7	28,0
dunkelmeliert	26,9	20,0
braun	9,7	8,0
Haarfarbe blond	16,3	20,0
dunkelblond	25,1	28,0
braun	20,3	20,0
braunschwarz	37,0	32,0
rot	1,3	-
Kinnprofil	2,96	3,08
Lage des Augapfels	3,16	2,96
Stellung der Lidspalte	1,19	1,32
Stellung der Jochbögen		
betont	26,0 %	48,0*)**[3]
stark betont	1,8	8,0)
Gesichtsumrißform spitz	15,4	4,0
Lang-oval	14,5	16,0
Rund	16,3	32,0°
Fünfeckig	49,8	48,0
Typus nordid	15,4 %	12,0
fälisch	19,0	28,0
alpin	17,6	16,0
osteuropid	7,0	8,0

°Irrtumswahrscheinlichkeit $\alpha < 10{,}0$ %

[1] Nur Knaben, n= 131 und n=12
[2] Nur Knaben, n= 130 und n= 12
[3] Betont und stark betont zusammen

Tabelle 16: Soziale Schicht (vor der Flucht), Mittelwerte
(Knaben und Mädchen)

	n	Entw.	Schull.	Kh	Ro.-Ind.	KL	KB	GH	JBB	relG	LBI	GI	NI	Hhw	Kpr	LAug	StLid	StJb	IMI
1 Oberschicht	115	2,27	1,55	161,0	1,20	187,6	150,2	113,0	132,0	72,5	80,0	85,6	62,8	2,80	3,02	3,24	1,24	1,26	12,81
2 gehob. Mittelschicht	179	2,04	1,92	160,3	1,21	186,0	150,0	113,5	131,9	72,9	80,9	85,9	62,1	2,88	3,03	3,18	1,21	1,26	12,47
3 selbst. Mittelschicht	265	1,92	2,56	157,9	1,22	183,9	151,3	112,1	132,4	72,9	82,3	84,6	61,9	2,85	2,97	3,10	1,14	1,25	12,39
4 unselbst. Mittelsch.	536	1.88	2,52	159,2	1,23	183,7	151,5	112,0	132,2	72,8	82,4	84,7	62,0	2,94	2,95	3,14	1,17	1,26	12,36
5 Bauern	391	1.57	2,90	157,2	1,25	182,5	152,4	111,7	132,8	73,0	83,5	84,0	62,6	2,94	2,99	3,13	1,19	1,36	12,46
6 selbst. Grundschicht	190	1,83	2,80	157,1	1,26	183,1	152,1	111,7	132,7	72,9	83,2	84,1	62,4	2,93	2,97	3,08	1,12	1,35	12,25
7 gel. Arbeiter m. Besitz	701	1,83	3,13	157,3	1,25	182,5	151,1	111,4	132,1	72,9	82,7	84,3	62,4	2,92	3,02	3,09	1,19	1,31	12,57
8 gel. Arbeiter o. Besitz	178	1,49	3,80	155,7	1,25	181,1	150,9	111,4	131,6	73,1	83.2	84,5	62,5	2,97	2,98	3,05	1,17	1,32	12,53
9 Landarbeiter	46	1,20	3,52	157,1	1,27	182,2	151,1	111,8	131,6	73,0	83,0	84,8	62,3	2,78	2,84	3,21	1,30	1,50	11,82

Entw.=Entwicklungsstand nach dem Schwidetzky-Index, nur Knaben (Individuenzahlen der Sozialschichten von 1 bis 9: 89, 119, 163, 319, 214, 101, 387, 87, 23), Schull.=Schulleistung, Kh=Körperhöhe, Ro.-Ind.=Rohrer-Index, KL=Kopflänge, KB=Kopfbreite, GH=morphologische Gesichtshöhe, JBB=Jochbogenbreite, relG=relative Gesichtsgröße ((GH+JBB):(KL+KB)), LBI=Längenbreitenindex des Kopfes, GI=morphologischer Gesichtsindex, NI=Nasenindex, Hhw=Hinterhauptwölbung, Kpr=Kinnprofil, Laug=Lage des Augapfels, StLid=Stellung der Lidspalte, StJb=Stellung der Jochbögen, IMI=Index der Musterintensität (Zahl der Delten).

Tabelle 17: Soziale Schicht, Farbmerkmale

(Heimatvertriebene Knaben im Regierungsbezirk Osnabrück, 9 bis 17 Jahre alt, n = 2 245)[1]

		Haarfarbe								Augenfarbe				
	n	weißbl.	hellbl.	blond	rotbl.	dklbl.	braun	brnschw.	fuchsr.	blau	grau-bl.	grau-grün	hellbr.	dklbr.
Oberschicht	130	5,4 %	12,3	31,5	1,5	30,0	9,2	9,2	0,8	30,8 %	28,5	15,4	10,8	14,6
Gehob. Mittelstand	301	4,7	16,9	27,9	2,0	31,2	8,6	8,0	0,7	26,1	28,1	15,7	18,4	11,7
Selbst. Mittelstand	1 482	5,5	17,6	32,1	2,0	27,5	7,3	7,6	0,4	25,0	30,2	17,3	15,0	12,5
Gehob. Grundschicht	1 819	3,7	17,3	33,2	2,5	30,8	5,6	6,5	0,4	22,0	33,1	17,6	15,3	12,1
Grundschicht	626	4,6	16,4	31,3	3,2	31,4	7,5	4,9	0,6	20,2	32,5	19,2	17,4	10,7

[1] Ingrid Nothdurft: Wachstums-und sozialanthropologische Untersuchungen an Schulkindern der Kriegs- und Nachkriegszeit. Dipl.-Arbeit Mainz 1980

Tabelle 18: Soziale Schicht (vor der Flucht), Häufigkeiten
(Knaben und Mädchen)

		Konstitution					Gesichtsumrißform						Nasenrückenprofil			
	n	Lept.	Athl.	Pykn.	Meso.	adipös	spitz	schmal-oval	rund	recht-eckig	fünf-eckig	sechs-eckig	gerade	konvex	konkav	wellig
1	115	41,7 %	12,2	9,6	36,5	-	8,7	36,5	5,2	1,7	47,0	0,9	49,1	8,7	37,7	4,4
2	179	41,3	6,7	10,7	41,3	-	10,1	27,9	8,9	2,2	49,7	1,1	48,0	5,6	32,9	13,4
3	265	31,6	8,3	6,0	51,9	2,3	11,3	21,1	13,2	1,5	52,6	0,4	49,6	4,9	33,1	12,4
4	536	39,2	6,5	10,3	43,7	0,4	9,1	21,1	10,8	1,1	57,6	0,2	51,1	5,7	33,0	10,0
5	391	32,5	6,1	12,0	48,3	1,0	12,5	14,6	16,4	2,0	54,0	0,5	51,9	2,8	33,2	12,0
6	190	29,6	7,9	10,1	52,4	-	13,7	20,0	14,7	1,6	49,5	0,5	53,2	3,7	32,1	11,0
7	701	30,5	7,3	12,4	49,4	0,6	11,6	16,5	11,3	1,6	58,1	1,0	47,4	3,6	36,7	12,5
8	178	31,5	7,3	6,7	54,5	-	14,0	23,6	11,8	2,2	47,8	0,6	46,6	2,8	41,6	9,0
9	46	36,9	4,3	15,2	43,5	-	8,7	21,7	21,7	2,2	45,7	-	47,8	2,2	41,3	8,7

Tabelle 19: Soziale Schicht, Konstitutionstyp
(Knaben und Mädchen)

	n	as-lep	lep	lep-at	at-lep	athl	at-pyk	pykn	mes	ad
1 Oberschicht	115	6,1	27,8	7,8	-	12,2	0,9	8,7	36,5	-
2 gehobene Mittelschicht	179	3,9	32,4	5,0	0,6	6,1	3,4	7,3	41,3	-
3 selbständige Mittelschicht	265	6,8	23,3	1,5	0,4	7,9	1,5	4,5	51,9	2,3
4 unselbst. Mittelschicht	536	4,3	31,2	3,7	0,2	6,3	2,1	8,2	43,7	0,7
5 Bauern	391	3,3	25,6	3,6	-	6,1	1,3	10,7	48,3	1,0
6 selbständige Grundschicht	190	2,1	25,4	2,1	-	7,9	-	10,1	52,4	-
7 gelernte Arbeiter mit Besitz	701	5,6	21,0	3,9	-	7,3	2,3	10,1	49,4	0,6
8 gelernte Arbeiter o. Besitz	178	5,1	24,7	1,7	-	7,3	-	6,7	54,5	-
9 Landarbeiter	46	4,3	26,1	6,5	-	4,3	2,2	13,0	43,5	-

as-lep=asthenisch-leptosom, lep=leptosom, lep-at=leptosom-athletisch, athl=athletisch, at-pyk=athletisch-pyknisch, pykn=pyknisch, meso=mesoform, ad=adipös

Tabelle 20: Soziale Schicht, Blutgruppen
(Knaben)

	n	A	B	0	AB
1 Oberschicht	82	42,7	17,1	31,7	8,5
2 gehobene Mittelschicht	111	44,1	10,8	37,8	7,2
3 selbständige Mittelschicht	156	31,4	17,3	41,0	10,3
4 unselbständige Mittelschicht	306	38,9	16,0	39,5	5,6
5 Bauern	203	38,6	14,8	41,9	4,9
6 selbständige Grundschicht	99	45,5	13,1	37,4	4,0
7 gelernte Arbeiter mit Besitz	373	44,2	13,9	37,0	4,8
8 gelernte Arbeiter ohne Besitz	84	38,1	17,9	41,7	2,4
9 Landarbeiter	21	52,4	23,8	23,8	-

Tabelle 21: Soziale Schicht, Häufigkeit der Typen
(Knaben und Mädchen)

Typen (Felddiagnose)

	n	nord.	fäl.	alpin	osteur.	dinar.	unbest.
1	115	27,8 %	16,5	4,3	3,5	0,9	46,9
2	179	23,5	19,0	5,0	4,5	0,6	47,5
3	265	17,3	22,6	13,2	3,8	0,4	42,8
4	536	20,0	22,0	11,2	5,6	0,6	40,7
5	391	14,6	21,5	13,6	10,6	0,8	39,4
6	190	15,8	18,4	11,6	8,9	-	45,2
7	701	16,5	20,5	11,3	9,3	0,3	42,1
8	178	19,1	16,3	18,5	12,4	0,6	33,2
9	46	13,0	13,0	10,9	15,2	-	47,9

Tabelle 22 Sozialer Trend, Mittelwerte
(Knaben)

	n	Kh(korr.)	Entw.	Ro.-Ind.	KL	KB	GH	JBB	relG	LBI	GI	NI	Hhw	Kpr	LAug	StLid	StJb	IMI
Sozial aufsteigend	241	159,1	1,99	1,21	186,2	152,7	113,4	133,0	72,7	82,0	85,2	62,4	2,73	3,02	3,15	1,16	1,24	12,70
Sozial gleichbleibend	1 021	158,5	1,84	1,22	184,9	152,8	113,1	133,0	72,9	82,6	85,0	62,4	2,75	3,05	3,15	1,16	1,25	12,66
Sozial absteigend	119	158,0	1,86	1,22	184,5	152,5	113,2	132,6	72,9	82,7	85,3	62,8	2,65	3,07	3,09	1,17	1,18	12,55

Kh(korr.)=anhand des Entwicklungsstandes korrigierte Körperhöhe (Entwicklungsunterschiede herausgerechnet), Entw.=Entwicklungsstand (Schwidetzky-Index), Ro.-Ind.=Rohrer-Index, KL=Kopflänge, KB=Kopfbreite, GH=morphologische Gesichtshöhe, JBB=Jochbogenbreite, LBI=Längenbreitenindex des Kopfes, GI=morphologischer Gesichtsindex, NI=Nasenindex, Hhw=Hinterhauptwölbung, Kpr=Kinnprofil, Laug=Lage des Augapfels, StLid=Stellung der Lidspalte, StJb=Stellung der Jochbögen, IMI=Index der Musterintensität (Zahl der Delten).

Tabelle 23 Sozialer Trend, Typen

(Knaben und Mädchen)

Häufigkeit der Typen (Felddiagnose)

	n	nord.	fäl.	alpin	osteur.	dinar.	unbest.
Sozial aufsteigend	389	21,1 %	20,6	11,6	4,4	0,8	41,6
Sozial gleichbleibend	1 755	18,0	20,4	12,0	8,4	0,5	40,8
Sozial absteigend	213	16,9	18,8	9,9	8,9	-	45,5

Tabelle 24: Die mittlere Schulbegabung der Konstitutionstypen
(Knaben und Mädchen)

	n	Schulbegabung	s
Asthenisch-leptosom	130	3,10	1,12
Leptosom	716	2,72	1,09
Leptosom-athletisch	99	2,47	1,13
Athletisch	198	2,67	1,08
Pyknisch-athletisch	47	2,63	1,13
Pyknisch	243	2,87	1,06
Mesoform	1 308	2,83	1,06
Adipös	16	3,12	1,14
Summe	2 757	2,80	

Tabelle 25 Die mittlere Schulbegabung der Rassentypen in der Felddiagnose

(Knaben und Mädchen)

	n	Schul- begabung	s
Nordid	504	2,71	1,10
Fälisch	551	2,77	1,05
Alpin	328	2,90	1,12
Dinarid	12	3,25	1,35
Osteuropid	214	3,10	1,03
unbestimmt	1 146	2,75	1,06
Summe	2 755	2,80	

Tabelle 26: Die Merkmale des Adels, Teil 1 (Knaben und Mädchen)
Metrische Merkmale und Farbmerkmale

	Adel	übrige Bevölkerung
n =	19	2553-2753
Entwicklungsstand (Knaben, n=11 und 1598)	1,92	1,83
Schulbegabung	1,79	2,79 ***
Körperhöhe	159,7	157,7 n.s.
Roher-Index	1,20	1,24 n.s.
Kopflänge	188,6	183,3 ***
Kopfbreite	146,1	151,3 ***
Morph. Gesichtshöhe	112,4	111,9 n.s.
Jochbogenbreite	127,5	132,5 ***
Relative Gesichtsgröße	71,6	73,0
Längenbreitenindex	77,3	82,5 ***
Morph. Gesichtsindex	87,7	84,6 **
Nasenindex	61,6	62,2 n.s.
Augenfarbe 1a-2b blau	31,6%	47,4% n.s.
3-6 hellmeliert	21,1	21,0
7-11 dunkelmeliert	47,4	24,4 n.s.
12-16 braun	-	7,2
Haarfarbe A-L blond	26,3%	16,0% n.s.
F-L dunkelblond	21,0	24,4
P-T braun	15,7	22,9
U-Y braunschwarz	36,8	33,7
I-VI rot	-	2,1
Index der Musterintensität	12,36	12,45

n.s.= nicht signifikant

Tabelle 27: Die Merkmale der Schulkinder aus dem Adel, Teil 2 (Knaben und Mädchen)
Morphognostische Merkmale und Typologie

	Adel	übrige Bevölkerung
n =	19	2553-2753
Hinterhauptswölbung	2,47	2,91
Kinnprofil	2,84	2,99
Lage des Augapfels	3,31	3,11
Stellung der Lidspalte	1,10	1,18
Stellung der Jochbögen	1,05	1,30
Gesichtsform spitz	5,2%	11,4%
schmal-oval	47,3	20,1 **
rund	-	12,0 n.s.
rechteckig	-	1,8
fünfeckig	47,3	53,8
sechseckig	-	0,6
Nasenrückenprofil gerade	63,1%	49,6% n.s.
konvex	-	4,4
konkav	26,6	34,6
wellig	10,5	11,2
Hinterhauptswölbung		
gewölbt und stark gewölbt	36,8%	17,5% *
Kinnprofil		
vorspringend und stark vorspr.	21,0%	10,3% n.s.
Lage des Augapfels		
flach und sehr flach	-	3,4%
tief und sehr tief	31,5	16,4 °
Typus nordid	21,1 %	18,3%) ° [1]
fälisch	36,8	20,0)
alpin	-	11,9
dinarid	-	0,4
osteuropid	-	7,7
unbestimmt	42,4	41,6
Konstitution leptosom	26,3 %	34,1%
athletisch	31,5	7,3 ***
pyknisch	10,5	10,5
mesoform	31,5	47,4

n.s.= nicht signifikant, ° auf 10%-Niveau signifikant

[1] Typus nordid und fälisch zusammen

Reinhard Schmoeckel

Die Indoeuropäer

Aufbruch aus der Vorgeschichte

ISBN 978-3-938176-37-5
587 Seiten, Paperback-Ausgabe

24,80 Euro

Dr. Reinhard Schmoeckel begibt sich auf die Suche nach unseren Ahnen, den Indoeuropäern oder Indogermanen. Im Geschichtsunterricht unserer Schulen kommt dieses geheimnisvolle Urvolk nicht vor. Die wissenschaftliche Erforschung unserer Herkunft und damit auch unserer Identität scheint immer noch von Tabus bestimmt zu sein. Der Autor widersetzt sich den herrschenden Denkverboten, indem er die verstreut vorliegenden Erkenntnisse der Archäologen, Sprachforscher und anderer Spezialwissenschaften zusammenträgt und sie zu einer spannend geschriebenen, populärwissenschaftlichen Gesamtdarstellung vereint.

Ursprünglich in den Steppen des südlichen Innerasiens beheimatet, begann sich ein Hirten- und Bauernvolk schon vor sechstausend Jahren in immer neuen Auswanderungswellen über ganz Europa und große Teile Asiens auszubreiten. Griechen, Römer, Germanen, Slawen, Kelten, Perser und die frühen arischen Eroberer Indiens - sie alle sind Abkömmlinge des gleichen mysteriösen Hirtenvolkes. Eine ungeheure Dynamik, ein Leistungs- und Gestaltungswillen von beispielloser Kraft müssen diesem Volk seit vorgeschichtlichen Zeiten innegewohnt haben. So sind heute fast alle Europäer deren biologische und geistige Erben. Reinhard Schmoeckel gelingt es, die Entstehung einer vielfältigen indoeuropäischen Kultur und den wirkmächtigen Aufbruch der sich daraus entwickelnden Völker aus der Vorgeschichte anschaulich zu beschreiben. Eine faszinierende Entdeckungsreise auf den Spuren unserer Vorfahren.

Reinhard Schmoeckel, geb. 1928 in Berlin, journalistische Ausbildung, Dr. jur., langjährige Tätigkeit im Bundespresseamt, Bundeskanzleramt, Bundespräsidialamt in Bonn. Autor mehrerer erfolgreicher populärwissenschaftlicher Bücher über deutsche und europäische Vor- und Frühgeschichte und historischer Romane.

Lindenbaum Verlag GmbH - Bergstraße 11 - 56290 Beltheim-Schnellbach
Tel. 06746 / 730047 - E-Mail: lindenbaum-verlag@web.de
Internet: www.lindenbaum-verlag.de